김구의 <나의 소원>을
이주영이 풀이하고 글 쓰다

천천히읽는책_02

내가 원하는 우리나라

글 이주영

펴낸날 2015년 2월 20일 초판1쇄 | 2025년 10월 15일 초판5쇄
펴낸이 김남호 | 펴낸곳 현북스
출판등록일 2010년 11월 11일 | 제313-2010-333호
주소 07207 서울시 영등포구 양평로 157 투웨니퍼스트밸리 801호
전화 02) 3141-7277 | 팩스 02) 3141-7278
홈페이지 http://www.hyunbooks.co.kr | 인스타그램 hyunbooks
ISBN 979-11-5741-015-6 73300

편집 석호주 | 디자인 이지혜, 박리영 | 마케팅 송유근

글 ⓒ 이주영 2015

이 책은 저작권법에 의하여 보호를 받는 저작물이므로 무단 전재 및 복제를 금지하며,
이 책 내용의 전부 또는 일부를 이용하려면 반드시 저작권자와 현북스의 허락을 받아야 합니다.
※사진출처: 국가보훈처, 독립기념관

⚠주의 종이에 베이거나 긁히지 않도록 조심하세요. 책 모서리가 날카로우니 던지거나 떨어뜨리지 마세요.

일러두기
〈나의 소원〉은 《백범일지》의 마지막 부분에 실린 글로서 '민족국가' '정치 이념' '내가 원하는 우리나라'로 구성되어 있습니다. 이 책에서는 어린이들의 이해를 돕기 위해 '정치 이념'은 빼고 '민족국가' '내가 원하는 우리나라'만 다루었습니다.

내가 원하는 우리나라

원작 김구 | 글 이주영

머리말

"우리 역사를 가꿔온 사람 가운데서
가장 존경하는 사람이 누구냐?"

"우리 역사를 가꿔온 사람 가운데서 가장 존경하는 사람이 누구냐?"라고 묻는다면, 나는 서슴없이 백범 김구 선생님이라고 말합니다. 어려서 김구 선생님 이야기를 책으로 읽었을 때부터 좋아했지요. 초등학교 때는 백범이라는 호를 '하얀 호랑이'라는 뜻으로 알았어요. 그런데 중학교 때 백범이라는 호가 '평범한 사람'이라는 뜻인 걸 알고 조금 실망했지요. 그러나 고등학교 2학년 여름방학 때 우연한 기회에 『백범일지』를 선물 받았는데, 그 마지막에 실린 「나의 소원」 중 '아름다운 우리나라'를 읽고 제 인생이 바뀌었습니다.

"세계 인류가 모두 우리 민족의 문화를 사모하도록 하지 아니하려는가? 나는 우리의 힘으로, 특히 교육의 힘으로 반드시 이 일이 이루어질 것을 믿는다."

바로 이 말입니다. 이 글을 읽고 교육자가 되기로 마음먹었습니다. 그런데 교육자가 되겠다고 결심하고 보니 문제가 심각했어요. 교육자가 되려면 교육대학을 가야 하는데, 고등학교 1학년 성적이 우리 반에서 꼴찌에서 두 번째였거든요. 고등학교 2학년 가을부터 공부를 시작했지요. 다행히 간들간들하게 합격해서 겨우 교사가 될 수 있었습니다.

30년 넘게 학교에서 교육하면서 힘들 때, 길을 잘 모를 때, 답답할 때면 가끔 이 글을 꺼내서 읽거나 되뇌어 보았습니다. 이 글에 담긴 뜻을 되새겨 보았습니다. 그럴 때마다 힘이 되어 준 글입니다. 현북스에서 어린이들한테 권하고 싶은 인문학 관련 책을 내고 싶다고 했을 때, 선뜻 이 글을 소개했습니다. 그래서 이 글을 어린이들이 알기 쉽게 다듬고 도움말을 넣는 일을 맡게 되었습니다.

요즘에는 거의 안 쓰는 죽은 말이나, 쉬운 말로 대신할 수 있는 말은 바꾸었습니다. 조금 어렵겠다 싶긴 해도 요즘도 쓰고 있는 살아 있는 말은 풀이말을 달아 주었습니다. 그리고 내용을 이해하거나 조금 더 깊이 생각하는 데 도움이 될 만한 글을 따로 덧붙여 보았습니다.

이 책이 백범 김구 선생님 뜻을 더 많은 사람들한테 알리는 데 한 뼘이라도 도움이 될 수 있다면, 우리 겨레 어린이들이 겨레의 어린이로 자라나는 데 한 줌이라도 보탤 수 있다면 기쁘겠습니다. 무엇보다 어린이들이 씩씩하고 올곧게 자기 삶을 살아가는 데 힘을 주는 글이 되면 좋겠습니다.

대한민국 97년 (서기 2015년) 2월

이주영

차례

민족국가

1. 소원　　　　　　　12
2. 문지기　　　　　　16
3. 박제상　　　　　　20
4. 민족국가　　　　　24
5. 조국　　　　　　　28
6. 현실　　　　　　　32
7. 임무　　　　　　　36
8. 하늘이 맡겨준 일　40
9. 서곡　　　　　　　44
10. 문화　　　　　　　48

내가 원하는 우리나라

11.	아름다운 나라	54
12.	홍익인간	58
13.	사명	62
14.	화합	66
15.	자유	70
16.	즐거움	74
17.	덕의 향기	78
18.	행복	82
19.	새 나라	86
20.	교육	90

나의 소원	94
더 알아보기	110

민족국가

1. 소원
2. 문지기
3. 박제상
4. 민족국가
5. 조국
6. 현실
7. 임무
8. 하늘이 맡겨준 일
9. 서곡
10. 문화

1. 소원

"네 소원이 무엇이냐?" 하고 하느님이 내게 물으시면, 나는 서슴지 않고 "내 소원은 대한 독립이오." 하고 대답할 것이다. "그 다음 소원은 무엇이냐?" 하면, 나는 또 "우리나라의 독립이오." 할 것이요, 또 "그 다음 소원이 무엇이냐?" 하는 세 번째 물음에도, 나는 더욱 소리를 높여서 "나의 소원은 우리나라 대한의 완전한 자주독립이오." 하고 대답할 것이다.

동포 여러분!
나 김구의 소원은 이것 하나밖에는 없다. 나는 그동안 칠십 평생을 이 소원을 위하여 살아 왔고, 지금도 이 소원 때문에 살고 있고, 앞으로도 나는 이 소원을 이루려고 살 것이다.

대한

우리 겨레가 처음 세운 나라 이름은 조선입니다. 옛날에 세운 조선이라고 해서 고조선, 단군왕검이 세웠다고 해서 단군조선이라고도 합니다. 그 다음에 마한과 진한과 변한으로 되는데, 이 셋을 삼한이라고 합니다. 조선 26대 왕인 고종이 1897년 황제에 오르면서 조선을 삼한이 하나가 되어 큰 한국이 되었다는 뜻으로 대한이라고 했습니다. 거기에 황제가 다스리는 나라니까 제국을 붙여서 대한제국이라고 불렀습니다. 1919년 3.1 독립만세운동 정신을 이어서 국민이 주인이 되는 민주공화국이라는 뜻으로 제국 대신에 민국을 붙여서 대한민국이라고 했습니다.

동포

핏줄이 같은 겨레나 같은 나라 사람을 뜻합니다.

자주

자기 스스로 자기가 하고 싶은 것이나 해야 할 일을 주인답게 할 수 있는 것입니다. 자주독립국은 남의 나라 간섭을 받지 않고 자기 나라 국민 스스로 자기 나라 주인이 되어서 살아가는 나라를 말합니다.

해설

　김구 선생님은 칠십 평생 첫 번째 소원이 대한 독립이고, 두 번째 소원은 우리나라 독립이고, 세 번째 소원도 우리나라 대한의 완전한 자주독립이라고 했습니다. 그러니 김구 선생님 소원은 오직 하나, 우리나라 대한민국이 완전한 자주독립국이 되는 것입니다.

　평생 대한민국을 세우기 위해 온 몸과 마음을 바친 김구 선생님 같은 분들이 계셨기 때문에 오늘 우리들이 대한민국 국민으로 태어나서 살아갈 수 있는 것입니다. 어떤 역사도 그냥 만들어지지 않습니다. 이처럼 좋은 뜻을 가진 사람들이 노력하고 또 노력할 때 그 힘이 모여서 역사가 이루어집니다.

　우리나라 대한민국이 완전한 독립국이 되기 위해서는 아

직도 해야 할 일이 많습니다. 국민 모두가 주인 되는 나라, 남과 북이 함께 사는 나라, 모두가 평등하고 평화롭게 살 수 있는 나라가 되었을 때 참된 대한민국이라고 할 수 있기 때문입니다.

2. 문지기

　독립이 없는 백성으로 칠십 평생을 설움과 부끄러움과 애탐을 받은 나에게는, 세상에 가장 좋은 것이 완전하게 자주 독립한 나라의 백성으로 살아 보다가 죽는 일이다. 나는 일찍이 우리 독립 정부의 문지기가 되겠다고 했다. 그것은 우리나라가 독립국만 되면 나는 그 나라에서 가장 낮은 사람이 되어도 좋다는 뜻이다. 왜 그런가 하면, 독립한 내 나라에서 가난하고 낮은 자리에서 일하며 사는 것이 빼앗긴 나라에서 부자로 사는 것보다 기쁘고 영광스럽고 희망이 많기 때문이다.

독립 정부의 문지기
대한민국 임시정부를 세울 때 사람들은 김구 선생님한테 높은 자리를 맡아달라고 부탁했습니다. 그러나 김구 선생님은 자기는 높은 자리를 맡을 수 있는 사람이 아니라면서 대한민국 임시정부 건물을 지키는 문지기를 하고 싶다고 했습니다. 건물을 드나드는 사람들 가운데서 독립운동을 몰래 엿보러 오거나 독립운동가들을 해치려고 하는 일본제국 앞잡이들을 막는 일이지요. 가장 낮은 자리지만 없어서는 안 될 중요한 일을 맡겠다고 했습니다.

낮은 사람
김구 선생님은 '미천(微賤)한 사람'이라고 썼습니다. 미천하다는 말은 아주 작고 낮아서 보잘것없다는 뜻입니다.

남의 밑에 사는 부귀
남의 밑에서 산다는 뜻은 주인이 아니라 종으로 산다는 뜻입니다. 이 글에서는 일본제국이 대한제국을 침략할 때 돈이나 높은 자리를 받고 나라를 팔아먹은 사람들을 가리키는 것입니다. 1910년 일본제국이 대한제국을 침략할 때 대한제국의 귀족이나 양반들 가운데서 나라를 팔아먹은 사람들이 많았고, 부자가 되고 싶어 일본 편을 든 백성들도 있었기 때문입니다.

해설

　언제부터인가 무엇이 사람답게 바르게 사는 길이고, 사람이라면 해서는 안 되는 일이 무엇인가를 깊이 생각하지 않는 사회가 된 것 같아서 큰 걱정입니다. 그런 현상 가운데 하나가 '부자 되세요' '돈 많이 버세요' 같은 인사말을 하는 사람들이 많아졌다는 것입니다. 그런 말을 하는 사람이나 듣는 사람도 부끄러운 줄 모르고 있습니다.

　돈을 많이 벌거나 부자 되라고 하는 게 왜 부끄러운 일인가요? 그 까닭은 모든 가치를 돈 버는 일과 부자 되는 것으로 따지게 되기 때문입니다. 사람이 세상을 살아가는 길에는 여러 가지가 있습니다. 그런데 이런 말은 무슨 수를 써도 돈만 벌면 된다는 생각을 갖게 합니다. 사람답게 살아야 하는 다른 길은 보지 못하게 합니다. 자기 삶을 자기가 주인이 되어서 사는 길을 생각하지 못하게 하고, 남의 노예가 되어도 돈만 많이 벌면 된다는 생각을 갖게 합니다. 이런 생각이 깊어지면 돈을 벌기 위해 남을 해치고, 빼앗고, 죽이는 일까지도 하게 됩니다. 참으로 무서운 일이지요.

독립한 내 나라에서 산다는 말은 개인으로 보면 내가 내 삶을 살아가는 주인으로, 독립한 인격을 갖춘 사람으로 산다는 뜻입니다. 남의 밑에서 부귀를 누린다는 말은 오직 편하게 먹고살기 위해서 다른 사람의 노예가 된다는 뜻입니다. 곧 노예로 사는 길보다 주인으로 사는 길이 더 사람답게 사는 길이고, 기쁨과 영광과 희망이 있는 삶이라는 뜻입니다.

3. 박제상

옛날, 일본에 갔던 박제상(朴堤上)이

"내 차라리 계림(鷄林)의 개, 돼지가 될지언정 왜왕의 신하로 부귀를 누리지 않겠다."

라고 한 것이 그의 진정이었던 것을 나는 안다. 제상은 왜왕이 높은 벼슬과 많은 재물을 준다는 것을 물리치고 달게 죽음을 받았으니, 그것은

"차라리 내 나라의 귀신이 되리라."

는 신념 때문이었다.

박제상

신라 눌지왕 때 사람입니다. 그때는 신라가 힘이 약해서 고구려와 일본에 눌지왕의 두 왕자가 잡혀가 있었지요. 눌지왕이 박제상에게 두 왕자를 구해 달라고 합니다. 박제상은 고구려에 가서 이야기를 잘 해서 왕자를 데려옵니다. 그런데 일본에서는 왕자를 보내주지 않아서 왕자를 데리고 몰래 도망치다가 잡혔습니다. 그때는 일본을 '왜'라고 불렀는데, 왜왕이 박제상한테 자기 신하가 되면 많은 돈과 높은 자리를 주겠다고 합니다. 그러나 박제상은 신라 사람으로 죽겠다고 합니다. 박제상은 결국 죽임을 당하고, 부인은 남편을 기다리다 죽어서 돌이 됩니다.
김구는 박제상 이야기를 보기로 들어서 대한제국 신하들 가운데서 일본제국이 주는 돈과 벼슬을 받고 나라를 팔아먹은 사람들을 꾸짖고 있는 것입니다.

계림

신라의 서울인 경주에 있는 숲입니다. 신라를 세운 임금과 그 조상들이 태어난 숲으로 탈해왕부터 한동안 신라를 부르던 이름입니다.

해설

    우리 겨레 역사를 돌아보면 다른 나라에 잡혀가서도 끝까지 겨레와 나라를 배반하지 않고 목숨을 바친 조상님들이 많습니다. 일본제국이 침략했을 때도 독립운동을 하다가 많은 사람들이 잡혀서 감옥에 갇혔지만 끝까지 항복하지 않고 싸우다 돌아가신 분들이 참 많습니다. 어떤 사람은 일단 살기 위해 겉으로는 굽혔지만 속으로는 끝내 굽히지 않고 남몰래 겨레와 나라를 위해 일하신 분들도 있습니다.

    고려 때 강조는 거란이 쳐들어왔을 때 맞서 싸우다 졌습니다. 그래서 거란에 잡혀갔는데, 거란 왕이 자기 신하가 되면 많은 돈과 높은 지위를 주겠다고 했지만 강조는 고려인으로 죽겠다고 했습니다. 선비였던 최익현은, 조선과 동양 평화를 위한 의병을 일으켜 일본과 싸우다 잡혀서 쓰시

마(대마도)로 끌려갔는데, 일본인이 주는 음식을 먹지 않고 버티다 죽었습니다.

  안중근 의사는 조선과 일본과 중국이 평화롭게 살기 위해서는 각 나라가 자주권을 갖고 평등하게 서로 돕고 협력하면서 살아야 한다고 했습니다. 김구 선생님이 젊을 때 안중근의 아버지 집에 숨어 살기도 했는데, 그래서인지 '평화'에 대한 두 사람 생각도 비슷한 점이 많습니다.

4. 민족국가

　요즘 우리 동포 가운데 우리나라를 어느 큰 이웃 나라 연방으로 들어가기를 소원하는 자가 있다 하니, 나는 그 말을 차마 믿으려 아니 하거니와, 만일 진실로 그러한 자가 있다 하면 그는 제정신을 잃은 미친놈이라밖에 볼 길이 없다.

　나는 공자, 석가, 예수의 도를 배웠고, 그들을 성인으로 숭배하거니와, 그들이 모여서 세운 천당이나 극락이 있다 하더라도, 그것이 우리 민족이 세운 나라가 아니라면 우리 민족을 그 나라로 끌고 들어가지 아니할 것이다. 왜 그런가 하면, 피와 역사를 같이하는 민족이란 뚜렷하게 있는 것이기 때문이다. 내 몸이 남의 몸이 못 됨과 같이 이 민족이 저 민족이 될 수는 없는 것이다. 마치 형제도 한집에서 살기 어려움과 같은 것이다. 둘 이상이 합하여서 하나가 되자면 하나는 높고 하나는 낮아서, 하나는 위에 있어 명령하고 하나는 밑에 있어서 복종해야 하기 때문이다.

어느 큰 이웃 나라의 연방

이 글에서 큰 이웃 나라는 미국을 가리킵니다. 1945년 일본제국이 연합군한테 지고, 우리나라는 해방이 되었습니다. 그런데 해방도 잠시, 미국 군인과 소련 군인이 들어와서 다스렸습니다. 곧 미국 군인이 38선 남쪽을, 소련 군인이 38선 북쪽을 점령한 것입니다. 김구 선생님을 비롯한 많은 사람들이 이에 반대하고, 대한민국 독립을 주장했습니다. 그런데 어떤 사람들은 미국 연방에 들어가게 해달라고 했습니다. 일본에 나라를 팔아먹은 사람들이 이번에는 미국에 나라를 팔아먹으려고 나섰던 것입니다. 일본제국이 주는 돈과 벼슬을 받고 나라를 팔아먹은 사람들을 꾸짖고 있는 것입니다.

공자(孔子)
유교의 시조. 사람은 어진 마음으로 살아야 한다고 했습니다.

석가(釋迦)
불교의 시조. 사람은 자비를 실천해야 한다고 했습니다.

예수
기독교의 시조. 사람은 서로 사랑해야 한다고 하며, 원수도 사랑하라고 했습니다.

해설

　김구 선생님은 핏줄과 역사가 다른 두 민족을 한 나라로 만들면 더 힘센 민족이 위가 되어 주인처럼 명령하고, 약한 민족이 아래가 되어 종처럼 복종해야 한다고 했습니다. 이런 문제는 인류 역사에서 가장 위대한 인물인 공자와 석가모니와 예수, 세 사람이 같이 만든 나라라고 해도 해결하기 어렵다는 것입니다. 요즘도 한 나라 안에 민족이나 종교가 다른 사람들을 억지로 묶어 두어서 서로 싸우는 나라가 많습니다. 김구 선생님은 우리 겨레가 스스로 힘을 모아 만든 나라가 아니면 참된 독립국이 될 수 없다고 했습니다. 우리 겨레 힘으로 세운 나라가 아니면 그 나라에서는 우리 겨레가 주인이 아니라 노예가 될 수밖에 없다고 했습니다.
　개인도 자기 삶의 주인으로 살 수 있을 때 평화와 행복을 누릴 수 있습니다. 그런데 그 개인이 속한 민족이 다른 민족에게 억눌리고 멸시당하게 될 때, 그 민족에 속한 사람들이 평화와 행복을 누릴 수 없습니다. 약한 자기 민족을 배반하고 강한 쪽에 붙어서 잘사는 사람도 있지만 그 숫자는 그 민족을 다스리는 데 필요한 만큼입니다. 그럴 필요가 없어지거나 그 자리를 다른 사람으로 바꿀 수 있으면 언제든지 바꿔치기 합니다. 그런 사람들은 마치 모래 위에 집을 지은 것처럼 언제 빼앗길지 모르는 두려움에 떨며 살아야 하지요. 그런 삶은 참된 평화나 행복이라고 할 수 없습니다. 지금도 힘센 민족이 약한 민족을 짓밟고 괴롭히는 모습이 지구촌 곳곳에서 벌어지고 있으니 참으로 안타까운 일입니다.

5. 조국

　일부 좌익(左翼)들은 핏줄이 같은 민족이 만드는 나라가 조국이 아니라 소위 사상(思想)이 같은 사람들이 만드는 나라를 조국이라고 말하면서, 핏줄이 같은 동포를 무시하고 좌익 사상을 가진 세계 각국의 노동자 계급이 만드는 국가를 조국이라고 주장한다. 아주 어리석은 생각이다.

　철학도 바뀌고 정치, 경제에 대한 사상도 한때지만 민족의 핏줄은 항상 이어진다. 일찍이 어느 민족 내에서나 종교가 다르거나 경제 이익과 정치에 대한 생각이 달라서 두세 파로 갈라져 피를 흘리며 싸운 일이 없는 민족이 없다. 그러나 그것은 한때 바람과 같이 지나가는 것이요, 민족은 언제나 바람 잔 뒤에 나무나 풀처럼 뿌리와 가지를 서로 걸고 한 수풀을 이루어 살고 있다. 오늘날 소위 좌우익(左右翼)이란 것도 결국 핏줄이 같은 민족이라는 바다에 잠시 일어나는 바람이나 파도에 불과하다는 것을 잊어서는 아니 된다.

좌익(左翼)
왼쪽 날개. 1792년 프랑스 국민의회장 왼쪽에 자코뱅당이 앉았던 데서 생긴 말입니다. 자코뱅당은 프랑스 혁명 뒤에 무척 과격하고 급하게 사회를 바꾸려고 했습니다. 그래서 어떤 일을 급하고 과격하게 바꾸려고 하는 단체나 사람들을 좌익이라고 부르게 되었습니다. 지금은 사회주의나 공산주의를 가리키는 말이 되었지만 이 글에서는 당시 공산주의 소련을 조국이라고 부르던 사람들을 가리킵니다.

우익(右翼)
오른쪽 날개. 국민의회장 오른쪽에 지롱드파가 앉았던 데서 생긴 말로 사회를 새롭게 바꾸는 것을 반대하는 단체나 사람을 뜻합니다. 자기 나라와 민족만을 최고로 높이면서 다른 나라와 민족을 무시하거나 깔보는 사상을 가진 사람이나 단체를 가리키는 말이기도 합니다.

좌우익(左右翼)
1945년 세계 2차 대전 연합국이던 미국과 소련 군대가 들어오면서 두 편으로 갈라졌습니다. 보통 미국 편인 이승만 쪽을 우익, 소련 편인 김일성 쪽을 좌익이라고 했습니다. 김구 선생님은 좌익과 우익을 모두 비판하면서 우리 민족이 하나로 뭉쳐서 대한민국을 세워야 한다고 주장했습니다. 그러자 김구 선생님을 이승만 쪽에서는 좌익, 김일성 쪽에서는 우익이라고 몰아붙였습니다.

해설

　조국(祖國)이란 말은 조상 때부터 살아온 나라를 뜻합니다. 그런데 당시 우익 가운데 일부는 조국이 필요 없고, 미국의 한 주가 되어야 한다고 떠들고 다녔습니다. 또 일부 좌익 가운데서는 공산주의 국가인 소련을 조국이라고 떠들기도 했습니다. 일부라고 하는 까닭은 우익이나 좌익 가운데서도 이런 주장에 반대하는 사람도 많았기 때문입니다.

　김구 선생님은 좌익일까요? 우익일까요? 김구 선생님은 스스로를 좌익이나 우익이라고 하지 않았습니다. 그는 오직 우리 겨레가 우리 겨레의 힘으로 우리 겨레가 참된 주인이 되는 평화롭고 행복한 나라를 만들어야 한다고 했습니다. 그런 나라를 만든 다음에 그 힘으로 인류 평화를 위해 세계 모든 나라와 민족이 서로 도우면서 함께 살아가는 높은 문화를 일궈내야 한다고 했습니다. 김구 선생님은 좌익이나 우익을 넘어서 모두가 함께 행복하게 사는 대한민국을 만들고, 지구촌 모든 민족과 나라가 평등하고 평화롭게 살 수 있는 세상을 만들기 위해 대한민국이 앞장서야 한다고 생각했던 것입니다.

6. 현실

　모든 사상(思想)도 바뀌고 신앙(信仰)도 변한다. 그러나 같은 핏줄을 이어가는 민족만은 영원히 흥망성쇠(興亡盛衰)를 같이하는 공동 운명이라는 인연(因緣)에 얽힌 한 몸으로 이 땅 위에 사는 것이다.

　세계 인류가 너와 내가 없이 한 집이 되어 사는 것은 좋은 일이요, 인류가 가장 높이 이루고 싶은 희망(希望)이요 이상(理想)이다. 그러나 이것은 먼 장래에 바랄 것이요, 현실은 아니다. 온 인류의 크고 아름다운 목표를 향하여 인류가 뜻을 높이고 나아가는 노력은 좋은 일이요 마땅히 할 일이나, 이것도 현실을 떠나서는 안 되는 일이다.

　현재 진리는 민족마다 가장 좋은 나라를 이루고, 가장 좋은 문화(文化)를 낳아 길러서, 다른 나라와 서로 바꾸고 돕는 일이다. 이것이 내가 믿고 있는 민주주의(民主主義)요, 이것이 인류가 처한 현재 단계에서 가장 확실한 진리다.

사상(思想)
또렷하게 옳다고 내세우는 생각이나 의견. 민주주의 사상, 자본주의 사상, 공산주의 사상 같은 말로 씁니다.

인연(因緣)
사람과 사람, 사람과 물건, 사람과 어떤 일이 서로 만나서 얽혔다가 헤어지는 것을 인연이라고 합니다. 사람 마음이나 생각으로 억지로 만들거나 끊을 수 없이 맺어지는 관계이기도 합니다.

흥망성쇠(興亡盛衰)
흥하거나 망하거나 많아지거나 없어지는 것. 어떤 사상이나 종교나 단체나 나라가 생겨서 발전하다가 약해지거나 망하는 모습을 통틀어서 표현하는 말입니다. 세계 역사를 보면 수많은 사상이나 종교나 단체나 나라가 생겼다가 없어졌습니다.

해설

　김구 선생님은 온 세계 인류가 너와 내가 없이 한 집안처럼 서로 도우면서 살아가는 세상을 만들기 위해 노력하는 일은 마땅히 해야 하는 일이라고 했습니다. 그러나 당장 민족을 무시하고 다른 민족과 억지로 한 나라를 만들면서 평화를 위한다는 주장은 거짓말이라고 반대하는 것입니다.

　일본제국이 우리나라와 만주와 중국을 침략하면서 한 말이 동양 평화를 위해서라고 했습니다. 곧 대한제국과 일본제국이 한 나라가 되는 것이 동양 평화로 가는 길이라고 했습니다. 그리고 대한제국 대신들을 총칼로 위협하고, 돈과 벼슬을 주면서 강제로 일본제국 식민지로 만들었습니다. 그러나 안중근 의사는 진짜 동양 평화를 이룩하려면 대한제국을 일본제국에 합하는 것이 아니라 대한제국과 일본제국이 평등한 국가여야 하고, 각자 자기 나라를 발전시키고 서로 도우면서 살아야 동양 평화를 이룰 수 있다고 주장했습니다.

지금도 세계 곳곳에서는 힘센 나라가 약한 나라를, 힘센 민족이 약한 민족을 무시하고 억압하는 경우가 많습니다. 자기 나라에 일하러 와 있는 다른 나라 사람을 무시하거나 차별하는 일도 있고, 자기 나라에 와 사는 다른 민족을 싫어해서 심지어 죽이는 일까지 일어납니다.

김구 선생님은 한 민족이 한 국가를 만들어서 각자 평화로운 문화를 만들어야 한다고 했습니다. 그 다음에 각 민족과 국가들이 평화롭게 살 수 있는 길을 찾아야 한다고 했습니다. 그렇게 한 단계씩 발전해야 인류가 함께 평화롭고 행복하게 살 수 있는 세상을 만들 수 있다고 본 것입니다.

7. 임무

　우리 민족이 꼭 해야 할 가장 중요한 임무(任務)는, 첫째로 남한테 간섭받지도 않고 남에게 기대지도 않는, 완전한 자주독립국을 세우는 일이다. 이것이 없이는 우리 민족의 생활을 보장할 수 없을 뿐더러, 우리 민족의 정신력(精神力)을 자유롭게 발휘(發揮)하여 빛나는 문화를 세울 수가 없기 때문이다. 이렇게 완전한 자주독립국을 세운 뒤에는, 둘째로 이 지구에 사는 인류가 진정한 평화(平和)와 복락(福樂)을 누릴 수 있는 사상을 낳아, 그것을 먼저 우리나라에서 이루는 것이다.

임무(任務)
꼭 해야 하도록 맡은 일을 뜻합니다. 곧 우리 민족이 꼭 해야 할 일은 자주독립국을 세우는 일이라는 것입니다. '학생한테 주어진 임무는 열심히 공부하는 일이다' 같은 뜻으로 씁니다.

발휘(發揮)
자기가 지니고 있는 재주나 능력이나 지혜를 한껏 발전시켜서 드러내는 것을 뜻하는 말입니다. '재주를 발휘하다, 능력을 발휘하다, 지혜를 발휘하다' 같은 뜻으로 씁니다.

복락(福樂)
복에 즐거움을 더한 말입니다. 곧 행복과 즐거움을 얻는 것을 뜻하는 말입니다. 복되고 즐겁게 누릴 수 있다면 가장 행복한 삶이 되겠지요.

해설

　김구 선생님이 말씀하신 이런 기준으로 보면 우리 대한민국은 아직 완전한 자주독립국이라고 하기 어렵습니다. 사람 목숨을 지키는 데 꼭 필요한 게 먹을거리입니다. 그런데 우리나라는 농사를 지어서 먹을 수 있는 식량이 불과 두세 달 치도 안 됩니다. 나머지는 모두 수입을 해야 하지요. 만일 전쟁이 나서 수입을 못하게 되면 대부분 백성이 석 달도 못 살고 굶어죽을 수밖에 없습니다. 전쟁이 났을 때 나라를 지키는 우리나라 군대에 대한 작전 권한도 없습니다. 한때는 다른 나라에 빚을 많이 진 데다 경제가 나빠서 국제통화기금(IMF)에 국가 경제 운영권을 간섭받기도 했습니다. 아직도 우리는 다른 나라에 진 빚이 많아서 언제 그런 위험이 다시 올지 걱정됩니다.

이렇게 먹지 않고는 살 수 없는데 우리나라 농민이 지어서 먹을 수 있는 식량이 부족하고, 외국에 진 빚도 많고, 전쟁이 났을 때 우리나라 군대를 스스로 지휘할 수 없으니 아직 완전한 자주독립국이라고 말하기 어려운 거지요. 참으로 안타까운 일이고, 우리 국민이 이런 형편을 똑바로 알아 정신을 바짝 차리고 있어야 합니다. 이렇듯 김구 선생님 소원인 '우리나라 대한민국의 완전한 자주독립'은 아직 이루어진 게 아닙니다. 완전한 자주독립국이 아니기 때문에 겉으로 보기에는 화려하고 잘 사는 나라지만 속으로는 많은 문제가 생기고 있다고 볼 수 있습니다. 여러분이 어른이 되어서 우리나라를 운영할 때는 꼭 김구 선생님 소원이 이뤄진 대한민국이 되었으면 좋겠습니다.

8. 하늘이 맡겨준 일

나는 오늘날 인류의 문화가 완전하지 못함을 안다. 나라마다 안으로는 정치, 경제, 사회 생활에서 평등하지 않고 올바르지 못한 일이 있다. 밖으로는 나라와 나라, 민족과 민족 사이에 시기(猜忌), 알력(軋轢), 침략(侵略)이 있다. 그에 대한 보복(報復)으로 전쟁이 끊일 사이가 없어서 많은 생명과 재물을 희생하고 있다. 그러고도 좋은 일이 오는 것이 아니라 사람들 마음이 더욱 불안해지고, 도덕은 갈수록 더 나빠지고 있다. 이래 가지고는 전쟁이 끊일 날이 없어, 인류는 마침내 멸망하고 말 것이다. 그러므로 인류 세계는 새로운 생활원리(生活原理)를 찾아서 실천(實踐)해야 한다. 이야말로 우리 겨레한테 하늘이 맡겨준 일이라고 믿는다.

이러하므로 우리 민족의 완전한 독립이란 결코 우리 겨레만을 위한 일이 아니라, 참으로 세계 모두의 운명에 관한 일이다. 그러므로 우리 민족이 세운 나라가 독립하도록 일하는 것이 곧 인류를 위하여 일하는 것이다.

시기(猜忌)
남이 잘 되는 것을 싫어하는 것, 곧 다른 나라가 잘 되는 것을 싫어하는 마음을 가지고 싫어하는 말이나 행동을 하는 것입니다.

알력(軋轢)
마음이나 생각, 뜻이 서로 달라서 사이가 나쁘거나 자꾸 다투는 것입니다.

침략(侵略)
다른 나라를 쳐들어가서 사람을 죽이거나 땅이나 물건을 빼앗는 것입니다.

생활원리(生活原理)
사람이 살아가는 태도나 생각을 갖게 하는 가장 기본이 되는 것을 말합니다.

해설

　김구 선생님은 민족과 민족이, 나라와 나라가, 종교와 종교가 서로 싫어하고 싸우면 안 된다고 했습니다. 현실은 이러한 다툼과 싸움이 일어나고 있는데, 계속 이렇게 서로 다른 민족이나 국가나 종교를 싫어하고 미워하고 다투면 끝내는 모두가 망하고 만다는 것입니다. 너무나 당연한 말입니다. 누구나 다 알고 있는 말입니다. 그런데도 지금 세계는 김구 선생님이 돌아가신 지 수십 년이 지나도록 곳곳에서 민족과 민족이 다투고 있고, 나라와 나라가 싸우고 있고, 종교와 종교가 서로 미워하는 일이 많습니다.

　인류가 멸망하지 않고 모두가 함께 행복하게 살기 위해서는 새로운 생활원리를 찾아서 지켜야 한다고 했습니다. 민족과 민족이, 나라와 나라가, 종교와 종교가 먼저 각각 스스로 올바르게 살 수 있는 길을 찾고, 나아가 서로 다른 민족과 나라와 종교를 인정해 주고, 침략과 보복을 멈추고, 함께 더불어 평화롭게 살아가는 생활원리를 찾아서 실천해야 한다고 했습니다.

 우리 민족이 세운 대한민국이 이런 일을 할 수 있어야 한다고 했습니다. 김구 선생님은 인류 평화를 위한 새로운 생활원리를 찾아서 실천하는 일이야말로 하늘이 우리 민족에게 맡겨준 일이라고 했습니다. 참으로 큰 뜻을 세우는 말이라고 할 수 있습니다. 이런 큰 뜻 때문에 우리 민족이 세운 대한민국이 완전한 자주독립국이 되는 것은 우리 민족만을 위한 것이 아니라 곧 인류 평화를 위해서 하는 일이나 마찬가지라고 하시는 것입니다.

9. 서곡

　만일 우리의 오늘날 형편이 초라한 것을 보고 스스로를 부끄럽게 여겨서 우리가 세우는 나라가 그처럼 큰일을 할 것을 의심한다면, 그것은 우리 스스로를 모욕(侮辱)하는 일이다. 우리 민족이 지내온 역사가 빛나지 아니함이 아니나, 그것은 아직 서곡(序曲)이었다. 우리가 주연배우(主演俳優)로 세계 역사의 무대(舞臺)에 나서는 것은 오늘 이후다. 삼천만 우리 민족이 옛날 그리스 민족이나 로마 민족이 한 일을 못 한다고 생각할 수 있겠는가!

모욕(侮辱)
아래로 낮춰서 무시하고 깔보거나 욕하는 것. 곧 '우리 스스로를 모욕'한다는 말은 우리 민족을 우리 스스로 깔보고 욕한다는 것입니다.

서곡(序曲)
오페라를 시작하는 첫머리에 들려주는 음악을 서곡이라고 합니다. 이처럼 무엇을 할 때 시작하는 부분을 빗대 서곡이라고 하기도 합니다. 이 글에서는 우리 민족이 그동안 지내온 빛나는 역사도 있지만 그것도 앞으로 인류 평화를 위해 할 일에 견주면 시작에 불과하다는 뜻으로 쓴 말입니다.

주연배우(主演俳優)
연극을 할 때 주인공을 맡은 배우. 이 글에서는 우리 민족이 1945년 일본제국 침략에서 해방되고, 우리 민족 손으로 새로운 나라를 세우면서 세계 역사에 주인공으로 등장할 것이라는 뜻으로 쓴 말입니다.

삼천만 우리 민족
김구 선생님이 이 글을 쓸 때 우리 민족 인구가 삼천만쯤 되었습니다. 지금은 남한이 오천만, 북한이 이천만 정도입니다

그리스 민족이나 로마 민족이 한 일
유럽 한쪽 반도에 사는 그리스와 로마 민족이 세계 인류 문화와 역사에 큰 업적을 남긴 일을 가리킵니다.

해설

　반도는 바다 쪽으로 나와 있어 삼면이 바다인 땅을 말합니다. 그리스나 로마는 모두 유럽 한쪽에 있는 반도에서 일어나서 세계 역사에 주인공으로 등장했던 민족입니다. 우리나라는 아시아 대륙에서 바다 쪽으로 나와 있어 삼면이 바다로 둘러싸여 있는 반도입니다. 우리 한민족이 산다고 해서 한반도라고 합니다.

　한(韓)이란 말은 우리말 소리로 '한'인데, 그 소리를 따라 한자로는 '韓'이라고 쓴 것입니다. '한'은 '하나' '하늘' '환하다=해'를 뜻합니다. 곧 하늘에서 내려온 하나, 한 사람이지요. 그래서 옛말에서는 임금을 가리키는 말이기도 합니다. 우리 민족은 단군신화에서 시작하는데, 단군은 바로 하늘에서 내려온 하느님의 아들 환웅이 아버지고, 땅의 신인 웅녀가 어머니지요. 그런 까닭에 우리 민족을 한민족, 한겨레라고 합니다. 민족은 겨레를 뜻하는 한자말이지요.

　김구 선생님은 반도에 살면서 세계 역사에서 주인공으로 등장했던 그리스나 로마 민족처럼 우리 한민족도 세계 역사 무대에 주인공으로 설 수 있는 날이 온다고 한 것입니다. 그 때는 우리 한민족이 사는 땅이 반도여서 대륙에서 사는 중국 민족과 해양 세력인 일본 민족한테 침략을 받아 살기 어렵다는 주장을 하는 사람들이 많았는데, 김구 선생님은 오히려 우리 한민족이 반도에서 살기 때문에 그리스나 로마처럼 대륙과 해양으로 뻗어나가기 좋은 위치이며, 그 힘으로 세계 무대에 주인공이 될 수 있다고 주장했던 것입니다. 같은 조건을 놓고도 전혀 다른 방향으로 생각하는 것이지요.

10. 문화

　내가 원하는 우리 민족의 사업은 결코 세계를 무력(武力)으로 정복(征服)하거나 경제력(經濟力)으로 지배(支配)하려는 것이 아니다. 오직 사랑의 문화, 평화의 문화로 우리 스스로 잘 살고 인류 전체가 의좋게, 즐겁게 살도록 하는 일을 하자는 것이다. 어느 민족도 일찍이 그러한 일을 한 이가 없으니 그것은 엉뚱한 상상이라고 하지 마라. 일찍이 아무도 한 사람이 없기에 우리가 하자는 것이다. 이 큰일은 하늘이 우리를 위하여 남겨 놓으신 것임을 깨달을 때에 우리 민족은 비로소 제 길을 찾고 제 일을 알아본 것이다.

　나는 우리나라의 청년남녀(靑年男女)가 모두 지난날의 조그맣고 좁다란 생각을 버리고 우리 민족의 큰일에 눈을 떠서, 제 마음을 닦고 제 힘을 기르는 일을 즐거움으로 삼기를 바란다. 젊은 사람들이 모두 이 정신을 가지고 이 방향으로 힘을 쓴다면 30년이 못 되어 우리 민족을 온 세상이 놀라운 눈으로 보게 될 것임을 나는 굳게 믿는다.

무력(武力)으로 정복(征服)
무력은 총칼을 든 군사력, 정복은 다른 나라를 침략해서 강제로 빼앗는 것입니다. 우리 민족은 그런 방식으로 세계 역사에 주인공이 되어서는 안 된다는 뜻과 함께 일본제국이 총칼로 우리나라를 침략하고, 필리핀이나 중국으로 침략했던 것을 비판하는 뜻이 담겨 있습니다.

경제력(經濟力)으로 지배(支配)
그동안 인류 역사에서 경제력이 강한 민족이나 나라가 약한 민족이나 나라를 지배하고 착취하는 것을 비판하면서 우리는 그렇게 해서는 안 된다는 뜻을 강하게 담아낸 말입니다.

청년남녀(靑年男女)
청년은 젊은 사람을 뜻합니다. 젊은 남자나 젊은 여자, 곧 모든 젊은이들을 뜻합니다.

30년
30년은 보통 한 세대가 바뀌는 기간을 뜻합니다. 곧 젊은 세대가 큰 뜻을 품고 나서면 그 젊은 세대가 민족을 이끌고 나라를 운영하게 될 때는 그 뜻을 이룰 수 있다고 말씀하신 것입니다.

해설

　김구 선생님은 그동안 세계 무대에 주인공으로 등장한 민족이나 국가들이 군사력이나 경제력으로 다른 민족이나 나라를 침략해서 정복하고 지배했는데, 우리 민족은 문화의 힘으로 세계 역사의 주인공이 되어야 한다고 주장하신 것입니다. 그 문화도 사랑의 문화와 평화의 문화라고 못을 박았습니다. 세계 역사에서 어느 민족이나 어떤 사람도 이 일을 이루지 못했다고 우리도 할 수 없다고 생각하지 말고, 이 큰 일은 하늘이 우리가 할 수 있도록 남겨 놓은 일이라고 생각해야 한다고 했습니다. 참으로 큰 뜻이라고 아니할 수 없습니다.

　김구 선생님은 우리 겨레의 젊은이들이, 남자나 여자나 모든 젊은이들이 작고 좁은 생각을 버리고 이런 크고 넓은 생각을 가져야 한다고 했습니다. 여러분도 가슴을 넓게 펴고 마음을 활짝 열고 높은 하늘을 바라보면서 이렇게 큰 생각을 키워보세요. 여러분 앞에 펼쳐질 미래의 세상이 달라집니다.

내가 원하는 우리나라

11. 아름다운 나라

12. 홍익인간

13. 사명

14. 화합

15. 자유

16. 즐거움

17. 덕의 향기

18. 행복

19. 새 나라

20. 교육

11. 아름다운 나라

　나는 우리나라가 세계에서 가장 아름다운 나라가 되기를 원한다. 가장 부강(富强)한 나라가 되기를 원하는 것은 아니다. 내가 남의 침략에 가슴이 아팠으니 내 나라가 남을 침략하는 것을 바라지 아니한다. 우리의 부력(富力)은 우리의 생활을 풍족히 할 만하고, 우리의 강력(强力)은 남의 침략을 막을 만하면 족하다. 오직 한없이 가지고 싶은 것은 높은 문화의 힘이다. 문화의 힘은 우리 자신을 행복하게 하고 나아가서 남에게 행복을 주겠기 때문이다.

부강(富强)

돈이 많고 힘이 센, 곧 이 글에서는 부자 나라이면서 군대가 싸울 수 있는 힘이 센 나라를 가리킵니다. 부력(富力)과 강력(强力)을 더해서 만든 말입니다. 부력(富力)은 경제력(經濟力)으로, 강력(强力)은 무력(武力)으로 바꿔서 쓸 수 있습니다.

문화의 힘

부력(富力)이나 강력(强力)처럼 문력(文力)이나 문화력(文化力)이라고 하지 않고 '문화(文化)의 힘'이라고 썼습니다. 그 까닭은 문력(文力)이나 문화력(文化力)이라는 말은 잘 쓰지 않는 말이기 때문입니다. 그만큼 나라가 갖춰야 할 힘으로 경제력(經濟力)이나 군사력(軍事力)은 중요하게 생각해서 자주 써 온 말이지만 문화(文化)가 중요한 힘이 된다는 생각은 그때까지 많은 사람들이 별로 중요하게 여기지 않았기 때문이라고 볼 수 있답니다.

해설

　김구 선생님이 경제력(經濟力)은 생활을 하기에 풍족하면, 바꿔서 말하면 먹고살기에 넉넉하면 된다고 했습니다. 군사력(軍事力)은 다른 나라가 침략하지 못하게 막을 만하면 된다고 했습니다. 내 나라가 남의 나라 침략에 가슴이 아팠으니 내 나라가 남의 나라를 침략하는 것을 바라지 않는다고 했습니다. 다른 나라 것을 빼앗으려고 침략해서도 안 되고, 다른 나라한테 침략을 당했다고 그 나라한테 보복을 하는 것도 바라지 않는다는 것입니다. 곧 일본제국이 우리나라를 침략해서 가슴 아팠으니 그 가슴 아픈 일을 다른 나라한테 해서는 안 되고, 일본한테 보복을 하려고 해서도 안 된다는 뜻입니다.

　그 대신 우리나라는 '아름다운 나라'가 되기를 바란다고 했습니다. 사랑의 문화와 평화의 문화를 찾아서 만들고, 그 문화의 힘을 다른 민족과 다른 나라에 퍼질 수 있도록 나눠 주자는 것이지요. 나와 남이 함께 행복하게 살 수 있는 문화, 아름다운 문화의 나라가 되기를 소원하신다는 것입니다. 이 소원은 우리나라 젊은이들뿐만 아니라 세계 인류의 모든 나라 젊은이들한테도 널리 알려야 할 소원이라고 생각합니다.

12. 홍익인간

지금 인류에게 부족한 것은 무력도 아니요, 경제력도 아니다. 자연 과학의 힘은 아무리 많아도 좋으나 인류 전체로 보면 현재의 자연 과학만 가지고도 편안히 살아가기에 넉넉하다. 인류가 현재에 불행한 근본 이유는 인의(仁義)가 부족하고 자비(慈悲)가 부족하고 사랑이 부족한 때문이다. 이 마음만 발달이 되면 현재 물질만으로도 20억이 다 편안히 살아갈 수 있을 것이다. 인류가 이 정신을 기르는 것은 오직 문화다.

나는 우리나라가 남의 것을 모방하는 나라가 되지 말고 이러한 높고 새로운 문화의 뿌리가 되고 목표가 되고 모범이 되기를 원한다. 그래서 진정한 세계의 평화가 우리나라에서, 우리나라로 말미암아서 세계에 실현되기를 원한다. 홍익인간(弘益人間)이라는 우리 국조(國祖) 단군(檀君)의 이상이 이것이라고 믿는다.

인의(仁義)
어질고 정의롭게 살아야 한다는 뜻을 가진 말로 유학을 일으킨 공자께서 사람들한테 널리 실천하라고 했습니다.

자비(慈悲)
어려운 사람이나 다른 생명을 가엾게 여겨서 베풀어 주어야 한다는 뜻을 가진 말로 불교를 일으킨 석가모니께서 사람들한테 널리 실천하라고 했습니다.

사랑
나 아닌 것도 나처럼 사랑하라는 뜻을 가진 말로 기독교를 일으킨 예수께서 사람들한테 널리 실천하라고 했습니다.

홍익인간(弘益人間)
인간 세상 널리 좋은 일을 해야 한다는 뜻을 가진 말로 단군께서 조선을 세우면서 사람들한테 널리 실천하라고 했습니다.

국조(國祖)
나라를 처음 세운 조상. 우리 겨레가 처음 만든 나라인 조선을 세운 단군을 말합니다.

해설

　김구 선생님이 이 글을 쓸 때는 세계 인구가 약 20억쯤 되었습니다. 그때도 부자 나라가 있고, 가난한 나라가 있었습니다. 부자 나라에서는 음식이나 물건을 펑펑 쓰다 남은 것을 쓰레기로 버리는가 하면 가난한 나라에서는 먹을 것이 없어서 굶어 죽는 사람이 많았습니다. 지금 세계 인구는 약 90억이 되는데, 지금도 부자 나라는 물질을 마구 쓰면서 쓰레기를 산처럼 버리고, 가난한 나라는 그런 것도 없어서 굶주리거나 병들어 죽어가고 있습니다. 지구에서 나오는 물질이 부족한 게 아니라 물질을 나눠 쓰는 정신이 부족하기 때문이지요.

　지구촌에서 인류가 계속 살 수 있으려면 물건을 더 많이 만들어서 많이 팔려는 경쟁보다 물건을 절약하고 나눠 쓰는 정신을 길러야 합니다. 부자 나라에서는 먹다가 남는 음식 쓰레기를 버리는데 가난한 나라에서는 하루 한 끼 먹고 살 음식도 없어서 굶주리는 사람들이 있습니다. 부자 나라에서 죄를 짓고 사는 것이지요.

전기가 부족하다고 핵발전소를 자꾸 지으려고 하는데, 핵발전소에서 나오는 쓰레기는 방사능 때문에 수백 수천 수만 년 땅에 묻어두어야 합니다. 그런데 그 땅은 지금 아이들이나 다음 세대에 태어날 아이들이 살아갈 땅입니다. 그런 소중한 땅을 지금 어른들이 미리 빼앗아 쓰는 것이지요. 지구촌에 있는 모든 물질은 지금 지구에 살고 있는 인류와도 나눠 써야 하고, 앞으로 지구에서 살아갈 아이들과도 나눠 써야 한다는 정신을 가져야 합니다.

13. 사명

또, 우리 민족의 재주와 정신과 과거의 단련이 이 사명을 달성하기에 넉넉하고, 우리나라 땅이 있는 자리와 기타 지리 조건이 그러하며, 또 1차, 2차의 세계 대전을 치른 인류의 요구가 그러하며, 이러한 시대에 새로 나라를 고쳐 세우는, 우리가 서 있는 시기가 그러하다고 믿는다. 우리 민족이 주연배우로 세계 무대에 등장할 날이 눈앞에 보이지 아니하는가.

이 일을 하기 위하여 우리가 할 일은 사상의 자유를 확보하는 정치를 하고, 국민 교육을 완전하게 해야 한다. 내가 앞에서 자유와 나라를 강조하고 교육의 중요성을 말한 것은 이 때문이다.

단련(鍛鍊)

옛날에는 쇠붙이를 불에 달궈서 단단하게 만들어 칼이나 낫을 만들었습니다. 이처럼 어렵고 힘든 일을 겪으면서 이를 이겨내서 몸과 마음을 단단하게 만드는 것을 뜻하는 말입니다.

1차 세계 대전

1차 세계 대전은 1914년부터 1918년까지 유럽에서 일어난 큰 전쟁으로 천만 명이 죽고, 2천만 명이 부상을 당할 정도로 많은 피해를 겪은 전쟁입니다.

2차 세계 대전

2차 세계 대전은 1941년부터 1945년까지 유럽과 아시아를 비롯한 전 세계에서 일어난 전쟁으로 4천만에서 5천만 명이 죽은 피비린내 나는 엄청난 전쟁입니다. 죽은 사람만도 이렇게 많으니 전쟁으로 부상을 입은 사람은 헤아릴 수도 없을 정도입니다.

해설

 '우리 민족의 재주와 정신'을 살펴보면 우리 민족은 예부터 지게나 온돌처럼 생활에 이로운 물건을 만드는 재주가 많고, 나라를 처음 세울 때부터 세상을 널리 이롭게 해야 한다는 '홍익인간' 정신을 바탕으로 품앗이나 두레처럼 서로 도우면서 살아가는 생활문화가 널리 뿌리내리고 있다는 것을 알 수 있습니다. '과거의 단련'이란 우리 민족이 겪은 시련을 말하는데, 역사를 보면 2,000년 동안에 약 천 번에 가까운 침략을 받았습니다. 그런데도 그 침략을 물리치고 살아남았습니다. 그리고 일본제국이 침략해서 35년 동안 말로 다할 수 없는 아픔을 겪었습니다. 김구 선생님은 이러한 역사를 우리 민족이 인류 평화를 위해서 일할 수 있도록 단련을 받아온 거라고 생각하자고 말씀하셨던 것입니다.

1,2차 세계 대전을 겪은 세계 여러 나라는 더 이상 이런 전쟁을 해서는 안 되겠다는 마음으로 국제연합을 비롯해 지구촌 평화를 위한 국제기구나 단체를 많이 만들게 됩니다. 그런 시기에 우리 민족이 새 나라를 세우기 때문에 더욱 그런 인류의 뜻을 실천할 수 있는 나라를 세워야 하는 때라고 주장하셨던 것입니다. 그런 인류 평화를 위한 나라는 사상의 자유를 누릴 수 있는 정치가 될 수 있어야 하고, 사상의 자유를 누릴 수 있으려면 모든 국민이 그런 민족이 재주와 정신을 발전시킬 수 있도록 교육을 받아야 한다고 주장했습니다. 사상의 자유는 자본주의나 공산주의 사상까지 모두 자유롭게 펼칠 수 있는 정치 제도가 가능한 대한민국을 만들어야 한다는 뜻입니다.

14. 화합

　최고 문화 건설의 사명(使命)을 이룰 수 있는 민족이 되는 길을 한마디로 말하면 모두 성인(聖人)을 만드는 데 있다. 대한 사람이라면 간 데마다 신용을 받고 대접을 받아야 한다. 우리의 적이 우리를 누르고 있을 때에는 미워하고 분해하는 살벌, 투쟁의 정신을 길렀었거니와, 적은 이미 물러갔으니 우리는 증오하는 마음으로 투쟁하지 말고 화합(和合)해서 건설을 해야 할 때다. 집안이 불화(不和)하면 집안이 망하고 나라 안이 갈려서 싸우면 나라가 망한다. 동포 간의 증오와 투쟁은 민족이 망하는 길이다.

사명(使命)
하늘의 뜻이나 역사 발전을 위해서 맡은 일이나 맡겨진 일을 뜻하는 말입니다. 김구 선생님은 인류를 위한 최고 문화를 건설하는 일은 하늘이 우리 민족에게 맡겨놓은 일이라고 했습니다.

성인(聖人)
큰 깨달음을 깨우친 사람으로 공자, 석가모니, 예수를 비롯해 인류에게 널리 좋은 생각을 갖게 해주는 사람들을 뜻합니다. 김구 선생님은 우리 민족 모두가 이처럼 인류에게 좋은 일을 할 수 있는 사람이 되어야 한다고 했습니다.

우리의 적
이 글에서 '우리의 적'은 일본제국을 말합니다. 일본제국이 1910년에 대한제국을 침략해서 강제로 식민지로 만들었습니다. 일본제국 침략에 굴종해서 나라를 팔아먹은 매국노와 반역자들도 있었지만 이에 맞서서 끝까지 싸운 독립운동가들도 많았습니다. 김구 선생님은 일본제국 침략에 맞서 끝까지 싸웠습니다.

화합(和合)
다른 사람들과 서로 사이좋게 잘 어울려서 평화롭게 살아야 한다는 뜻을 담은 말입니다.

불화(不和)
사이좋게 지내지 못하고 서로 다투고 싸우는 것입니다.

해설

　김구 선생님은 나라를 침략하고 남이 우리 겨레를 짓밟을 때는 그에 맞서 싸우기 위해서는 분해하는 마음과 싸워서 물리치는 정신을 가져야 한다고 했습니다. 그러나 우리를 침략한 일본제국이 물러갔기 때문에 더 이상 남을 증오하면서 싸우는 마음을 버리고 화합해서 건설하는 정신을 가져야 한다고 했습니다. 시대에 따라서 그 시대에 맞는 마음과 정신을 가져야 한다는 뜻입니다.

　식구들이 서로 갈라져서 다투면 집안이 망하는 것처럼 나라 안에서 갈라져서 싸우면 나라가 망하고, 동포가 서로 갈라져서 싸우면 민족이 망한다고 걱정했습니다. 김구 선생님이 이 글을 쓸 때는 미국과 소련이 우리 민족이 함께 살아온 한반도를 위도 38선으로 나누었습니다. 38선 북쪽에는 공산주의 국가인 소련 군인이 들어와서 통치하고, 38선 남쪽에는 미국 군인이 들어와서 통치했습니다. 한 나라를 이렇게 둘로 갈라놓은 것입니다. 그런데 북쪽에서는 소련 지지를 받은 김일성이 나라를 세우고, 남쪽에서는 미국 지지를 받은 이승만이 나라를 세우는 길로 갈라지고 있었습니다.

　김구 선생님은 이렇게 나라 땅이 갈라지고, 남쪽과 북쪽에 각각 다른 나라를 세워서는 안 된다고 생각했습니다. 그래서 38선을 베고 죽더라도 이렇게 나라와 민족이 갈라지는 것을 막겠다고 했습니다. 이런 주장을 펼치자 남쪽과 북쪽에서 김구 선생님을 지지하는 사람도 많았지만 동시에 남쪽 이승만과 북쪽 김일성을 지지하는 사람들은 모두 적을 이롭게 한다고 김구 선생님을 공격했습니다.

15. 자유

　우리의 용모(容貌)에서는 밝고 따스하고 평화로운 기운이 빛나야 한다. 우리 국토 안에는 언제나 따스한 봄바람이 넘쳐야 한다. 이것은 우리 국민 각자가 한번 마음을 고쳐먹음으로 되고 그러한 정신의 교육으로 영속(永續)될 것이다.

　최고 문화로 인류의 모범이 되기로 사명을 삼는 우리 민족 한 사람 한 사람은 이기적(利己的) 개인주의(個人主義)자여서는 안 된다. 우리는 개인의 자유를 최고로 주장하되, 그것은 저 짐승들과 같이 저마다 제 배를 채우기에 쓰는 자유가 아니요, 제 가족을, 제 이웃을, 제 국민을 잘살게 하기에 쓰이는 자유다. 공원의 꽃을 꺾는 자유가 아니라 공원에 꽃을 심는 자유다.

용모(容貌)
사람의 얼굴 모양, 생김새를 뜻하는 말입니다.

영속(永續)
영원히 계속된다는 말입니다. 이 글에서는 아주 오래오래 계속될 수 있다는 뜻으로 쓴 말입니다.

이기적(利己的)
자기한테 이익이 되는 것만을 생각하는 것입니다.

개인주의(個人主義)
다른 사람이나 사회나 국가나 민족은 생각하지 않고 자기 한 사람을 우선으로 한다는 생각입니다. 김구 선생님은 남으로부터 자기 생활을 침해받지 않는 개인의 자유를 가장 중요하게 생각해야 하지만 그렇다고 다른 사람은 생각하지 않고 나만 생각하는 개인주의는 안 된다고 했습니다. 이런 뜻으로 보면 자기 이익만 노리는 이기주의(利己主義)라는 뜻으로 썼다고 할 수 있습니다. 그래서 개인주의 앞에 이기적(利己的)이라는 말을 붙여서 '이기적 개인주의'라고 썼다고 생각합니다.

해설

　김구 선생님은 개인의 자유를 최고로 주장할 수 있고, 최고로 존중해야 한다고 했습니다. 그러나 그 자유는 나만 위해서가 아니라 나와 남이 모두 좋은 일에 쓰는 자유여야 한다고 했습니다. 남을 해치거나 남한테 피해를 주는 자유는 자유라고 할 수 없다는 뜻입니다. 공원에 꽃을 꺾는 자유가 아니라 공원에 꽃을 심는 자유라고 하지만 요즘은 공원에 아무나 꽃을 심을 수는 없습니다. 공원을 관리하는 사람들이 심어야지요. 그러니 이 말은 여러 사람이 함께 보고 즐기는 공공시설을 망가뜨리지 말고 잘 써야 한다는 뜻으로 새겨 읽어야 합니다.
　며칠 전에 버스를 타고 가는데, 어떤 남자가 술이 취해서 찬송가를 고래고래 큰 소리로 불렀습니다. 이런 행동은 자유가 아니라 남한테 피해를 주는 일이지요. 과자를 먹고 과자봉지를 길거리에 버리는 행동도 존중받아야 할 자유라고 할 수는 없습니다. 건널목이 있는데도 아무데서나 길을 건너가는 것도 존중받을 자유라고 할 수 없습니다. 텔레비전에서 블랙박스에 찍힌 동영상을 보여주는데, 중앙선 분리대를 넘어서 건너는 사람 때문에 놀란 차가 사고를 내는 모습이었습니다. 이런 행동은 개인의 자유라고 보장받을 수 없습니다. 자유란 모두가 안전하고 행복하게 살 수 있는 행동을 할 때 존중받을 수 있는 것입니다.

16. 즐거움

　우리는 남의 것을 빼앗거나 남의 덕을 입으려는 사람이 아니라 가족에게, 이웃에게, 동포에게 주는 것을 즐거움으로 삼는 사람이다. 우리말에 이른바 선비요 점잖은 사람이다.
　그러므로 우리는 게으르지 아니하고 부지런하다. 사랑하는 아내와 자녀를 가진 가장(家長)은 부지런할 수밖에 없다. 한없이 주기 위함이다. 힘든 일은 내가 앞서 하니 사랑하는 동포를 아낌이요, 즐거운 것은 남에게 권하니 사랑하는 자를 위하기 때문이다. 우리 조상들이 좋아하던 인후지덕(仁厚之德)이란 것이다.

선비
옛날에는 공부를 많이 해서 학식은 있으나 벼슬을 하지 않는 사람을 선비라고 했고, 요즘은 학식도 있으면서 돈을 탐하지 않고 원칙에 맞게 행동하면서 올바르고 점잖게 품위를 지키면서 사는 사람을 선비 같은 사람이라고 합니다.

가장(家長)
집안을 보살피고 이끄는 가장 높은 어른을 뜻합니다. '아버지는 우리 집 가장이시다' 또는 '우리 집은 어머니가 가장 노릇을 하신다'처럼 씁니다. 그러나 부모가 일찍 돌아가셨거나 하면 형제 가운데서 가장 큰 형이나 언니가 가장을 대신하기도 합니다. 그럴 때는 '소년 가장', '소녀 가장'이라고도 합니다.

인후지덕(仁厚之德)
마음이 어질고 후한 덕을 베푸는 사람을 가리킬 때 쓰는 말입니다. 우리 조상들은 어려운 이웃을 돕고 정을 베푸는 일을 중요하게 생각했습니다.

해설

　김구 선생님은 남한테 덕을 입으려 하는 사람이 아니라 남한테 덕을 베푸는 사람이 되어야 한다고 했습니다. 남한테 덕을 베푸는 일을 즐겁게 여기는 사람이 되어야 한다고 했습니다. 남한테 나눠주는 사람이 되려면 게으르지 아니하고 부지런하게 살아야 한다고 했습니다. 내 식구를 사랑하듯이 이웃을 사랑하고 동포를 사랑해야 합니다. 이웃과 동포를 사랑하게 되면 힘든 일도 앞장서 하면서도 즐겁게 살 수 있습니다.

　우리 조상들은 이렇게 나부터 더 부지런하게 일하고, 내 것을 남한테 나눠주고, 이웃을 사랑하면서 살아가는 생활원리를 좋아했다고 합니다. 그런 사람을 선비라고 부르고, 점잖은 사람이라고 부르며 따랐습니다. 물론 옛날 조상들이라고 모두 그렇게 살았다고 할 수는 없습니다. 그러나 그렇게 사는 사람을 높이 보고 존경했습니다. 점잖은 선비로 사는 걸 자랑스럽게 생각했고, 많은 사람들이 선비처럼 살고 싶어했습니다. 그러나 요즘은 그런 모범이 되는 사람이 점점 줄어들고 있어서 안타깝습니다.

17. 덕의 향기

　이러함으로써 우리나라 산에는 숲이 무성하고 들에는 오곡백과(五穀百果)가 풍성하며 촌락(村落)과 도시는 깨끗하고 풍성하고 화평할 것이다. 그리하여 우리 동포, 즉 대한 사람은 남자나 여자나 얼굴에는 항상 밝고 따스한 기운이 있고 몸에서는 덕(德)의 향기(香氣)를 내뿜을 것이다. 이러한 나라는 불행하려 하여도 불행할 수 없고 망하려 하여도 망할 수 없는 것이다.

오곡백과(五穀百果)
오곡은 원래 다섯 가지 곡식을 말합니다. 다섯 가지 곡식은 쌀, 보리, 콩, 조, 기장을 말합니다. 요즘은 조나 기장은 잘 먹지 않지만 옛날에는 이 다섯 가지 곡식을 많이 먹었고, 중요한 곡식으로 여겼습니다. 백과는 백 가지 과일이지요. 그러나 오곡백과는 보통 여러 가지 곡식과 과일을 뜻하는 말로 쓰고 있습니다.

촌락(村落)
시골 마을을 말합니다. 보통 어떤 일을 하는가에 따라 농촌, 어촌, 산촌, 광산촌으로 말하기도 합니다.

향기(香氣)
꽃이나 물건에서 나는 좋은 냄새를 말합니다. 이 글에서 덕의 향기라고 쓸 때는 정말 좋은 냄새가 난다는 것이 아니라 좋은 냄새가 나는 것처럼 너그럽고 부드러운 기운을 느낀다는 것을 비유하는 말로 썼습니다.

해설

　김구 선생님은 가장 좋은 사람의 모습을 '덕(德)의 향기(香氣)'를 내뿜는 것이라고 했습니다. 덕(德)이란 너그럽고 부드러운 마음입니다. 따라서 '덕(德)의 향기(香氣)'라고 하면 얼굴에서 너그럽고 부드러워서 마치 꽃향기를 맡는 것 같은 느낌이 든다는 뜻입니다. 사랑이 가득한 사람은 항상 얼굴 표정이 따스하고 부드럽고 밝고 맑게 살 수 있습니다.

　사람은 나이 마흔이 되면 자기 얼굴에 책임을 져야 한다는 말이 있습니다. 사람은 태어날 때 모두 각자 다른 자기 얼굴로 태어납니다. 천이면 천, 만이면 만이 같은 얼굴은 없습니다. 아무리 똑같아 보이는 쌍둥이도 자세히 보면 어딘가는 다른 곳이 있습니다. 사람마다 예쁘다거나 잘 생겼다고 말하는 기준이 다르기는 하지만 그래도 여러 사람이 예쁘다고 말하는 얼굴도 있고 못생겼다고 말하는 얼굴도 있습니다. 생김새는 사람마다 다 다른 것이니 다른 사람들이 예쁘다거나 못생겼다고 해도 마음 쓸 필요는 없습니다. 태어나면서 자연스럽게 받은 얼굴이니까요. 그러나 마흔 정도 되면 얼굴에서 풍겨 나오는 느낌이 사람마다 달라집니다. 살아온 방식이나 마음 씀씀이에 따라서 달라지기 때문에 마흔 살쯤 되면 자기 얼굴에 책임을 져야 한다고 하는 것입니다.

여러분도 한번 거울을 보면서 내 얼굴이 너그럽고 부드러운가, 밝고 맑게 웃는 얼굴인가, 자신감을 내보이는 얼굴인가 살펴보세요. 그런 얼굴은 어떤 얼굴일까 상상하면서 표정을 지어보세요. 그리고 마흔 살쯤 되었을 때 내 얼굴에서 어떤 향기가 나도록 할 것인지 생각해 보세요.

18. 행복

　민족의 행복은 결코 계급투쟁(階級鬪爭)에서 오는 것도 아니요, 개인의 행복도 이기심(利己心)에서 오는 것이 아니다. 계급투쟁은 끝없는 계급투쟁을 낳아서 나라 땅에 피가 마를 날이 없고, 내가 이기심으로 남을 해치면 천하(天下)가 이기심으로 나를 해칠 것이니, 이것은 조금 얻고 많이 빼앗기는 법이다. 일본이 이번에 당한 보복은 국제 사회도 그러함을 증명하는 가장 좋은 본보기다.

계급투쟁(階級鬪爭)
계급이란 사람과 사람 사이에 부력이나 권력이나 무력 때문에 생긴 차이를 말합니다. 귀족처럼 지배하는 계급이 있고 노예처럼 지배를 당하는 계급이 있습니다. 자본주의 국가에는 자본가 계급도 있고 노동자 계급도 있습니다. 공산주의자들은 지배하는 자본가 계급을 지배받는 노동자 계급이 무력으로 싸워서 없애야 한다고 했습니다. 김구 선생님은 이런 계급투쟁을 반대했습니다.

이기심(利己心)
이기심은 내 이익만 챙기는 마음을 말합니다. 이런 마음은 공산주의 사회에서나 자본주의 사회에서나 다 문제가 됩니다. 이 글에서는 자본주의 사회에서 이기심이 너무 강화되면서 남을 해치게 되는 것을 비판하고 있습니다.

천하(天下)
하늘과 땅을 뜻하는 말인데, 실제로는 온 세상을 뜻하는 말로 쓰입니다.

국제 사회
독자적인 주권을 가진 세계 여러 나라들이 서로 교류하고 의존하면서 더불어 살아가는 사회를 말합니다.

해설

  김구 선생님은 이 글에서 계급투쟁과 개인주의 이기심을 모두 비판합니다. 계급투쟁은 피가 마를 날이 없게 한다고 했고, 이기심으로 남을 해치면 온 세상이 나를 해치게 되기 때문이라고 했습니다. 자본주의 사회는 개인의 이기심을 너무 부추기기 때문에 모든 사람이 서로 다투게 됩니다. 곧 이 글에서는 공산주의와 자본주의를 모두 비판하고 있습니다.

  일본이 이번에 당한 보복이라는 것은 일본제국이 우리나라 대한제국이나 중국이나 대만을 무력으로 침략하고, 갑자기 미국 진주만을 공습하면서 제2차 세계 대전을 일으켰는데, 이런 침략 행위 때문에 미국, 중국, 영국, 소련을 비롯한 세계 여러 나라 연합군에 보복당한 것이라는 뜻입니다. 김구 선생님이 주석으로 계시던 대한민국 임시정부도 제2

차 세계 대전 때 일본에 선전포고를 하고 연합군이 되어서 일본과 싸웠습니다.

 이 글에서 볼 수 있듯이 김구 선생님은 공산주의 편도 아니고, 그렇다고 자본주의 편도 아니었습니다. 공산주의자들이 주장하는 계급투쟁도 반대하고, 자본주의 사회에서 독처럼 피어나는 이기심도 반대하고 있기 때문입니다. 당시 온 세계가 미국식 자본주의와 소련식 공산주의 두 패로 갈라서 싸우는데, 김구 선생님은 어느 편에도 서지 않고 오직 우리 민족이 사랑과 평화 문화를 창조하는 새 나라를 세워야 한다고 주장했던 것입니다.

19. 새 나라

지금까지 말한 것은 내가 바라는 새 나라 모습을 그린 것이다. 동포 여러분! 이러한 나라가 될진대 얼마나 좋겠는가. 우리네 자손을 이러한 나라에 남기고 가면 얼마나 만족하겠는가. 옛날 한토(漢土)의 기자(箕子)가 우리나라를 사모(思慕)하여 왔고, 공자(公子)께서도 우리 민족이 사는 데 오고 싶다고 하였으며, 우리 민족을 인(仁)을 좋아하는 민족이라 하였으니, 옛날에도 그러하였거니와 앞으로도 세계 인류가 모두 우리 민족의 문화를 이렇게 사모하도록 하지 아니하려는가.

한토(漢土)의 기자(箕子)

한토(漢土)는 중국 땅을 말합니다. 기자는 중국 은나라 때 사람입니다. 은나라는 기원전 1760~1520년쯤에 세워졌다가 기원전 1122~1030년쯤에 주나라한테 망했다고 합니다. 기자는 은나라가 주나라에 망하자 은나라를 떠나서 고조선으로 와서 살았다는 옛이야기가 있습니다. 공자도 중국을 떠돌아다닐 때 인(仁)을 좋아하는 조선으로 가서 살고 싶다 했다고 합니다.

인(仁)

공자가 주장한 유교의 중심 사상으로 어질다는 뜻입니다. 너그럽고 착한 마음을 가지고 슬기롭게 행동하는 것을 중요시 합니다.

사모(思慕)

마음 깊이 애틋하게 생각하고 그리워한나는 뜻입니다.

해설

  고조선 시대, 삼한 시대, 고구려와 신라와 백제 시대, 고려 시대, 조선 시대에도 우리나라 문화를 좋아해서 살러 오는 사람들이 꾸준하게 있었습니다. 우리 민족은 일찍부터 학교를 비롯한 여러 가지 교육기관을 만들어서 학문을 발전시켰고, 백성들이 착하고 부지런해서 풍요로운 때가 많았습니다. 흉년이 들어서 먹고살기 어려울 때는 서로 도우면서 어려움을 이겨냈습니다.

  김구 선생님은 우리 조상들이 예전부터 이렇게 살아왔으니 그 정신을 이어받고 더 발전시켜서 우리 민족 누구나 자유롭고 평화롭게 살 수 있는 나라를 만들어서 후손한테 물려주어야 한다고 했습니다. 사랑의 문화와 평화의 문화를 이루어서 세계 여러 나라 사람들이 와서 살고 싶은 나라로,

우리 민족의 높은 문화 수준을 사모하는 나라로 만들자고 하셨던 것입니다.

20. 교육

　나는 우리의 힘으로, 특히 교육의 힘으로 반드시 이 일이 이루어질 것을 믿는다. 우리나라의 젊은 남녀가 다 이 마음을 가질진대 아니 이루어지고 어찌하랴.

　나도 일찍 황해도에서 교육에 종사(從事)하였거니와, 내가 교육에서 바라던 것이 이것이었다. 내 나이 이제 70이 넘었으니 몸소 국민 교육에 종사할 시일이 넉넉지 못하거니와, 나는 천하의 교육자(敎育者)와 남녀 학생들이 한번 크게 마음을 고쳐먹기를 빌지 아니할 수 없다.

황해도

경기도와 평안남도 사이에 있습니다. 지금은 북한 땅에 속합니다. 김구 선생님 고향이 황해도입니다. 황해도에서 오랫동안 학교를 세우고, 아이들을 가르치는 교육 활동을 했습니다. 당시 전국 8도 가운데서 황해도가 학교도 많이 세우고, 새로운 교육 활동도 많았는데, 김구 선생님이 앞장서서 하셨던 일입니다.

종사(從事)

어떤 일을 맡아서 하는 사람. 이 글에서는 김구 선생님 자신이 교육하는 일을 맡아서 했다는 뜻으로 쓴 말입니다.

교육자(敎育者)

교육을 맡아서 하는 사람입니다. 이 글에 나오는 '천하의 교육자'를 말뜻으로만 풀면 온 세상 교육자들을 모두 말하는 것입니다. 물론 넓은 뜻으로는 온 세계 교육자들이 모두 사랑과 평화 문화를 가르치고 만들기를 바란다고 볼 수 있지만 이 글에서는 우리나라 교육자를 뜻하는 말로 쓴 것입니다.

해설

　김구 선생님은 아름다운 우리나라를 만들 수 있는 길은 교육에 있다고 보았습니다. 모든 백성들이 교육을 잘 받을 수 있도록 학교를 세우고, 모든 교육자들이 마음을 크게 고쳐서 우리 민족이 평화롭게 살 수 있는 정신을 길러야 한다고 보았습니다. 그리고 나아가 그 힘으로 세계 인류가 함께 살 수 있는 생활원리를 만들어야 한다고 했습니다. 교육으로 그 일을 이룰 수 있다고 생각했습니다.

　김구 선생님은 중국 상해 프랑스 조계 안에서 프랑스 보호를 받아 대한민국 임시정부를 운영하면서도 유치원을 비롯한 교육기관을 만들었고, 피난을 다니면서도 학교를 운영할 수 있도록 했고, 해방 되어서 조국에 돌아와서도 서울 마포에 민족학교를 세워서 교육에 앞장섰습니다. 이런 김구 선생님 뜻을 따라서 전국 곳곳에서 마을 주민들이 힘을 모아 학교를 세우고, 뜻있는 젊은이들이 교사가 되었다고 합니다.

나도 고등학교 2학년 때 김구 선생님이 쓰신 이 글을 읽고 교육자가 되기로 결심했습니다. 고등학교 1학년과 2학년 때 놀기만 해서 2학년 말 성적표를 보니 우리 반 57명 중에 꼴찌에서 두 번째였습니다. 교사가 되려면 교육대학을 가야 하는데, 그런 성적으로는 어림없었습니다. 그래서 3학년 때 굳게 결심하고 밤샘 공부를 해서 겨우 교육대학에 들어갔고, 초등학교 교사가 되었습니다. 30여 년 동안 김구 선생님 뜻에 따르는 교육을 하려고 노력했고, 이제 좀 더 많은 아이들한테 김구 선생님 소원을 전하고 싶어서 이 글을 씁니다.

나의 소원

민족국가

내가 원하는 우리나라

민족국가

"네 소원(所願)이 무엇이냐?" 하고 하느님이 내게 물으시면, 나는 서슴지 않고 "내 소원은 대한 독립(大韓獨立)이오." 하고 대답할 것이다. "그 다음 소원은 무엇이냐?" 하면, 나는 또 "우리나라의 독립이오." 할 것이요, 또 "그 다음 소원이 무엇이냐?" 하는 세 번째 물음에도, 나는 더욱 소리를 높여서 "나의 소원은 우리나라 대한의 완전한 자주독립(自主獨立)이오." 하고 대답할 것이다.

동포(同胞) 여러분!

나 김구의 소원은 이것 하나밖에는 없다. 내 과거의 칠십 평생을 이 소원을 위하여 살아 왔고, 현재에도 이 소원 때문에 살고 있고, 미래에도 나는 이 소원을 달(達)하려고 살 것이다.

독립이 없는 백성으로 칠십 평생에 설움과 부끄러움과 애탐을 받은 나에게는, 세상에 가장 좋은 것이, 완전하게 자주독립한 나라의 백성으로 살아 보다가 죽는 일이다. 나는 일찍이 우리 독립 정부의 문지기가 되기를 원하였거니와, 그것은 우리나라가 독립국만 되면 나는 그 나라의 가장 미천(微賤)한 자가 되어도 좋다는 뜻이다. 왜 그런고 하면, 독립한 제 나라의 빈천(貧賤)이 남의 밑에 사는 부귀(富貴)보다 기쁘고 영광스럽고 희망이 많기 때문이다.

옛날, 일본에 갔던 박제상(朴堤上)이

"내 차라리 계림(鷄林)의 개, 돼지가 될지언정 왜왕의 신하로 부귀를 누리지 않겠다."

라고 한 것이 그의 진정이었던 것을 나는 안다. 제상은 왜왕이 높은 벼슬과 많은 재물을 준다는 것을 물리치고 달게 죽음을 받았으니, 그것은

"차라리 내 나라의 귀신이 되리라."

는 신념 때문이었다.

근래에 우리 동포 중에는 우리나라를 어느 큰 이웃 나라

의 연방(聯邦)에 편입(編入)하기를 소원하는 자가 있다 하니, 나는 그 말을 차마 믿으려 아니 하거니와, 만일 진실로 그러한 자가 있다 하면, 그는 제정신을 잃은 미친놈이라밖에 볼 길이 없다.

나는 공자(孔子), 석가(釋迦), 예수의 도(道)를 배웠고, 그들을 성인(聖人)으로 숭배(崇拜)하거니와, 그들이 합하여서 세운 천당(天堂), 극락(極樂)이 있다 하더라도, 그것이 우리 민족이 세운 나라가 아닐진댄 우리 민족을 그 나라로 끌고 들어가지 아니할 것이다. 왜 그런고 하면, 피와 역사(歷史)를 같이하는 민족이란 완연히 있는 것이어서, 내 몸이 남의 몸이 못 됨과 같이 이 민족이 저 민족이 될 수는 없는 것이, 마치 형제도 한집에서 살기 어려움과 같은 것이다. 둘 이상이 합하여서 하나가 되자면 하나는 높고 하나는 낮아서, 하나는 위에 있어 명령(命令)하고, 하나는 밑에 있어서 복종(服從)하는 것이 근본 문제가 되는 것이다.

이에 대하여 일부 소위 좌익(左翼)의 무리는 혈통(血統)

의 조국(祖國)을 부인(否認)하고 소위 사상(思想)의 조국을 운운(云云)하며, 혈족의 동포를 무시하고 소위 사상의 동무와 프롤레타리아트의 국제적(國際的) 계급(階級)을 주장하여, 민족주의(民族主義)라면 마치 이미 진리권(眞理圈) 외에 떨어진 생각인 것같이 말하고 있다. 심히 어리석은 생각이다. 철학(哲學)도 변하고 정치(政治), 경제(經濟)의 학설(學說)도 일시적이거니와, 민족의 혈통은 영구적이다. 일찍이 어느 민족 내에서나 혹은 종교로, 혹은 학설로, 혹은 경제적·정치적 이해의 충돌로 하여 두 파, 세 파로 갈려서 피로써 싸운 일이 없는 민족이 없거니와, 지내 놓고 보면 그것은 바람과 같이 지나가는 일시적인 것이요, 민족은 필경 바람 잔 뒤에 초목 모양으로 뿌리와 가지를 서로 걸고 한 수풀을 이루어 살고 있다. 오늘날 소위 좌우익(左右翼)이란 것도 결국 영원한 혈통의 바다에 일어나는 일시적인 풍파(風波)에 불과하다는 것을 잊어서는 아니 된다.

　이 모양으로 모든 사상도 가고 신앙(信仰)도 변한다. 그러나 혈통적인 민족만은 영원히 흥망성쇠(興亡盛衰)의 공동 운명의 인연에 얽힌 한 몸으로 이 땅 위에 사는[生] 것이다.

　세계 인류가 네오 내오 없이 한 집이 되어 사는 것은 좋은 일이요, 인류의 최고요 최후인 희망(希望)이요 이상(理想)이다. 그러나 이것은 멀고 먼 장래에 바랄 것이요, 현실의 일은 아니다. 사해동포(四海同胞)의 크고 아름다운 목표를 향하여 인류가 향상하고 전진하는 노력을 하는 것은 좋은 일이요 마땅히 할 일이나, 이것도 현실을 떠나서는 안 되는 일이니, 현실의 진리는 민족마다 최선(最善)의 국가(國家)를 이루고 최선의 문화(文化)를 낳아 길러서, 다른 민족과 서로 바꾸고 서로 돕는 일이다. 이것이 내가 믿고 있는 민주주의(民主主義)요, 이것이 인류의 현 단계에서는 가장 확실한 진리다.

　그러므로 우리 민족으로서 하여야 할 최고의 임무(任務)는, 첫째로 남의 절제(節制)도 아니 받고 남에게 의뢰(依賴)도 아니 하는, 완전한 자주독립의 나라를 세우는 일이다.

이것이 없이는 우리 민족의 생활을 보장할 수 없을 뿐더러, 우리 민족의 정신력(精神力)을 자유로 발휘(發揮)하여 빛나는 문화를 세울 수가 없기 때문이다. 이렇게 완전한 자주독립의 나라를 세운 뒤에는, 둘째로 이 지구상의 인류가 진정한 평화(平和)와 복락(福樂)을 누릴 수 있는 사상을 낳아, 그것을 먼저 우리나라에 실현하는 것이다.

 나는 오늘날의 인류의 문화가 불완전함을 안다. 나라마다 안으로는 정치상, 경제상, 사회상으로 불평등, 불합리가 있고, 밖으로 국제적으로는 나라와 나라의, 민족과 민족의 시기(猜忌), 알력(軋轢), 침략(侵略), 그리고 그 침략에 대한 보복(報復)으로 작고 큰 전쟁이 끊일 사이가 없어서 많은 생명과 재물을 희생하고도, 좋은 일이 오는 것이 아니라 인심(人心)의 불안(不安)과 도덕(道德)의 타락(墮落)은 갈수록 더하니, 이래 가지고는 전쟁이 끊일 날이 없어, 인류는 마침내 멸망하고 말 것이다. 그러므로 인류 세계에는 새로운 생활 원리(生活原理)의 발견(發見)과 실천(實踐)이 필요하게 되었다. 이야말로 우리 민족이 담당한 천직(天職)이라고 믿는다.

이러하므로 우리 민족의 독립이란 결코 삼천 리 삼천만만의 일이 아니라, 진실로 세계 전체의 운명에 관한 일이요, 그러므로 우리나라의 독립을 위하여 일하는 것이 곧 인류를 위하여 일하는 것이다.

만일, 우리의 오늘날 형편이 초라한 것을 보고 자굴지심(自屈之心)을 발하여, 우리가 세우는 나라가 그처럼 위대한 일을 할 것을 의심한다면, 그것은 스스로 모욕(侮辱)하는 일이다. 우리 민족의 지나간 역사가 빛나지 아니함이 아니나, 그것은 아직 서곡(序曲)이었다. 우리가 주연 배우(主演俳優)로 세계 역사의 무대(舞臺)에 나서는 것은 오늘 이후다. 삼천만의 우리 민족이 옛날의 그리스 민족이나 로마 민족이 한 일을 못 한다고 생각할 수 있겠는가!

내가 원하는 우리 민족의 사업은 결코 세계를 무력(武力)으로 정복(征服)하거나 경제력(經濟力)으로 지배(支配)하려는 것이 아니다. 오직 사랑의 문화, 평화의 문화로 우리 스스로 잘살고 인류 전체가 의좋게, 즐겁게 살도록 하는 일을 하자는 것이다. 어느 민족도 일찍이 그러한 일을 한 이가 없으니 그것은 공상(空想)이라고 하지 마라. 일찍이 아무도 한 자가 없기에 우리가 하자는 것이다. 이 큰일은 하늘이 우리를 위하여 남겨 놓으신 것임을 깨달을 때에 우리 민족은 비로소 제 길을 찾고 제 일을 알아본 것이다. 나는 우리나라의 청년 남녀(靑年男女)가 모두 과거의 조그맣고 좁다란 생각을 버리고, 우리 민족의 큰 사명(使命)에 눈을 떠서, 제 마음을 닦고 제 힘을 기르기로 낙(樂)을 삼기를 바란다. 젊은 사람들이 모두 이 정신을 가지고 이 방향으로 힘을 쓸진댄 30년이 못하여 우리 민족은 괄목상대(刮目相對)하게 될 것을 나는 확신(確信)하는 바다.

내가 원하는 우리나라

나는 우리나라가 세계에서 가장 아름다운 나라가 되기를 원한다. 가장 부강한 나라가 되기를 원하는 것은 아니다. 내가 남의 침략에 가슴이 아팠으니 내 나라가 남을 침략하는 것을 원치 아니한다. 우리의 부력(富力)은 우리의 생활을 풍족히 할 만하고, 우리의 강력(强力)은 남의 침략을 막을 만하면 족하다. 오직 한없이 가지고 싶은 것은 높은 문화의 힘이다. 문화의 힘은 우리 자신을 행복하게 하고 나아가서 남에게 행복을 주겠기 때문이다.

지금 인류에게 부족한 것은 무력도 아니요, 경제력도 아니다. 자연 과학의 힘은 아무리 많아도 좋으나 인류 전체로 보면 현재의 자연 과학만 가지고도 편안히 살아가기에 넉넉하다. 인류가 현재에 불행한 근본 이유는 인의가 부족하고 자비가 부족하고 사랑이 부족한 때문이다. 이 마음만 발달되면 현재의 물질력으로 20억이 다 편안히 살아갈 수 있을 것이다. 인류의 이 정신을 배양하는 것은 오직 문화이다.

나는 우리나라가 남의 것을 모방하는 나라가 되지 말고 이러한 높고 새로운 문화의 근원이 되고, 목표가 되고, 모범이 되기를 원한다. 그래서 진정한 세계의 평화가 우리나라에서, 우리나라로 말미암아서 세계에 실현되기를 원한다. 홍익인간(弘益人間)이라는 우리 국조(國祖) 단군(檀君)의 이상이 이것이라고 믿는다.

또, 우리 민족의 재주와 정신과 과거의 단련이 이 사명을 달성하기에 넉넉하고, 우리 국토의 위치와 기타 시리적 조건이 그러하며, 또 1차, 2차의 세계 대전을 치른 인류의 요구가 그러하니, 이러한 시대에 새로 나라를 고쳐 세우는, 우리가 서 있는 시기가 그러하다고 믿는다. 우리 민족이 주연 배우로 세계 무대에 등장할 날이 눈앞에 보이지 아니하는가.

이 일을 하기 위하여 우리가 할 일은 사상의 자유를 확보하는 정치 양식의 건립과 국민 교육의 완비다. 내가 위에서 자유와 나라를 강조하고 교육의 중요성을 말한 것은 이 때문이다.

최고 문화 건설의 사명을 달한 민족은 일언이폐지하면 모두 성인(聖人)을 만드는 데 있다. 대한 사람이라면 간 데마다 신용을 받고 대접을 받아야 한다. 우리의 적이 우리를 누르고 있을 때에는 미워하고 분해하는 살벌, 투쟁의 정신을 길렀었거니와, 적은 이미 물러 갔으니 우리는 증오의 투쟁을 버리고 화합의 건설을 일삼을 때다. 집안이 불화하면 망하고 나라 안이 갈려서 싸우면 망한다. 동포 간의 증오와 투쟁은 망조다. 우리의 용모에서는 화기가 빛나야 한다. 우리 국토 안에는 언제나 춘풍이 태탕하여야 한다. 이것은 우리 국민 각자가 한번 마음을 고쳐먹음으로 되고 그러한 정신의 교육으로 영속될 것이다. 최고 문화로 인류의 모범이 되기로 사명을 삼는 우리 민족의 각원(各員)은 이기적 개인주의자여서는 안 된다. 우리는 개인의 자유를 극도로 주장하되, 그것은 저 짐승들과 같이 저마다 제 배를 채우기에 쓰는 자유가 아니요, 제 가족을, 제 이웃을, 제 국민을 잘살게 하기에 쓰이는 자유다. 공원의 꽃을 꺾는 자유가 아니라 공원에 꽃을 심는 자유다.

우리는 남의 것을 빼앗거나 남의 덕을 입으려는 사람이 아니라 가족에게, 이웃에게, 동포에게 주는 것으로 낙을 삼는 사람이다. 우리말에 이른바 선비요 점잖은 사람이다.

그러므로 우리는 게으르지 아니하고 부지런하다. 사랑하는 처자를 가진 가장은 부지런할 수밖에 없다. 한없이 주기 위함이다. 힘든 일은 내가 앞서 하니 사랑하는 동포를 아낌이요, 즐거운 것은 남에게 권하니 사랑하는 자를 위하기 때문이나. 우리 조상네가 좋아하던 인후지덕(仁厚之德)이란 것이다.

이러함으로써 우리나라의 산에는 삼림이 무성하고 들에는 오곡백과가 풍성하며 촌락과 도시는 깨끗하고 풍성하고 화평할 것이다. 그리하여 우리 동포, 즉 대한 사람은 남자나 여자나 얼굴에는 항상 화기가 있고 몸에서는 덕의 향기를 발할 것이다. 이러한 나라는 불행하려 하여도 불행할 수 없고 망하려 하여도 망할 수 없는 것이다.

　민족의 행복은 결코 계급 투쟁에서 오는 것이 아니요, 개인의 행복도 이기심에서 오는 것이 아니다. 계급 투쟁은 끝없는 계급 투쟁을 낳아서 국토에 피가 마를 날이 없고, 내가 이기심으로 남을 해하면 천하가 이기심으로 나를 해할 것이니, 이것은 조금 얻고 많이 빼앗기는 법이다. 일본이 이번에 당한 보복은 국제적, 민족적으로도 그러함을 증명하는 가장 좋은 실례다.

　이상에서 말한 것은 내가 바라는 새 나라의 용모의 일단을 그린 것이거니와, 동포 여러분! 이러한 나라가 될진대 얼마나 좋겠는가. 우리네 자손을 이러한 나라에 남기고 가면 얼마나 만족하겠는가. 옛날 한토(漢土)의 기자(箕子)가 우리나라를 사모하여 왔고, 공자께서도 우리 민족이 사는 데 오고 싶다고 하였으며, 우리 민족을 인(仁)을 좋아하는 민족이라 하였으니, 옛날에도 그러하였거니와 앞으로도 세계 인류가 모두 우리 민족의 문화를 이렇게 사모하도록 하지 아니하려는가.

나는 우리의 힘으로, 특히 교육의 힘으로 반드시 이 일이 이루어질 것을 믿는다. 우리나라의 젊은 남녀가 다 이 마음을 가질진대 아니 이루어지고 어찌하랴.

나도 일찍 황해도에서 교육에 종사하였거니와, 내가 교육에서 바라던 것이 이것이었다. 내 나이 이제 70이 넘었으니 몸소 국민 교육에 종사할 시일이 넉넉지 못하거니와, 나는 천하의 교육자와 남녀 학도들이 한번 크게 마음을 고쳐먹기를 빌지 아니할 수 없다.

더 알아보기

자주독립과 민족통일에 앞장선

김구(金九)

조선 시대인 1876년 7월 11일(음력) 황해도 해주에서 태어나 대한제국 때 애국 계몽 교육 운동에 앞장섰고, 일제 식민지에서 벗어나기 위한 항일투쟁기를 거쳐 해방된 땅에서 1949년 6월 26일(향년 72세) 민족의 반역자 안두희가 쏜 총탄에 맞아 돌아가셨다.

소년기에는 얼굴 좋은 사람보다 몸 좋은 사람이, 몸 좋은 사람보다 마음 좋은 사람이 되기로 결심하고 세상을 돌아다니다 동학에 들어가게 된다. 동학에서는 모든 사람 마음에 하느님이 계시고, 누구나 평등하다고 가르치는 것이 마음에 들어서였다. 청년기에는 황해도에서 학교를 세우고 교육하는 일에 열성을 다했다. 명성황후를 시해하는 데 참여한 일본인을 죽여서 사형을 당할 위기에 처했을 때 고종황제가 특명으로 살려주었다. 3·1 독립운동 뒤에 상해로 가서 대한민국을 세우는 일에 동참했다. 대한민국 임시정부 주석이 되자 이봉창, 윤봉길 의사를 지원해서 의거를 일으켰고, 광복군을 만들어서 일본에 선전포고를 하고 연합군에 가담하였다. 해방 뒤에는 미국과 소련 군정과 남북 분단을 반대하였다.

남북 분단을 반대하다가 흉탄에 돌아가셨지만 수많은 사람들이 민족 통일과 문화의 힘을 가진 나라를 만들어야 한다는 김구 선생님 뜻을 마음에 담고 이어가기 위해 노력하고 있다. 김구 선생님 소원은 아직 완성되지 않았지만 우리 겨레가 모두 나서 꼭 이루어야 할 소원이고, 인류가 함께 나누어야 할 커다란 꿈이다.

> 더 알아보기

연도별로 본 김구의 삶

▶ **1876년**
 (1세)~

황해도 해주 백운방 텃골에서 아버지 김순영과 어머니 곽낙원 사이에서 태어났습니다. 조상 중 한 분이 반역죄를 저질러 양반에서 상놈으로 몰락한 가문이었기에 일찍부터 가난과 신분 차별을 겪었습니다.

▶ **1887년**
 (12세)~

과거를 보기로 하고 집에 선생님을 모셔서 서당을 차리고, 가난한 아이들을 불러 모아서 같이 공부를 시작합니다. 그러나 다음해 아버지가 아프셔서 어머니가 아버지 병을 고치기 위해 전국 유명한 의원을 찾아서 떠나기 때문에 큰아버지와 친척 누나 집으로 왔다 갔다 하면서 삽니다.

▶ **1892년**
 (17세)~

과거 시험을 보았으나 떨어집니다. 과거시험장에서 부정이 심하게 이루어지는 모습을 보고 실망해서 더 이상 과거를 보지 않기로 결심하고 서당에서 훈장, 지금으로 말하면 초등학교 교사를 시작합니다. 다음 해인 18세 때 모든 사람은 평등하고, 사람이 곧 하늘이라고 가르치는 동학에 들어갑니다. 19세 때 동학혁명군 접주가 되어 해주성을 공격했으나 실패하고 숨어 다닙니다.

▶ 1895년
(20세)~

황해도 신천군 청계동에 있는 안태훈(안중근의 아버지) 집에 숨어 있으면서 유학을 공부하다가 만주를 여행합니다. 21세 때 명성황후 원수를 갚는다고 일본인을 혼자서 죽이고 감옥에 가서 사형선고를 받습니다. 고종황제가 이를 알고 교수형을 미루게 했고, 감옥에서 서양 학문을 공부하다가 틈을 보아 탈출해서 공주 마곡사에 가서 중이 됩니다.

▶ 1900년
(25세)~

마곡사에서 나와 떠돌아다니며 세상 공부를 하다가 28세에 기독교를 믿기 시작했고, 장련공립보통학교 교원이 됩니다. 공립보통학교는 지금으로 말하면 초등학교입니다. 31세에 최준례 여사와 결혼을 하고 황해도 지역 교육 사업에 적극 나섭니다. 해서교육총회 학무총감을 맡아서 학교를 세우고 교사를 교육하는 일을 합니다.

113

▶ 1911년
(36세)~

독립운동을 하다가 일본 경찰에 체포되어 15년 형을 받습니다. 40세 때 감형이 되어서 감옥을 나와 아내가 교원으로 있는 안신학교로 가서 교육 사업을 다시 시작합니다. 1919년 3.1운동에 참여했고, 중국 상해로 망명해서 대한민국을 만드는 일에 참여합니다. 이때부터 대한민국 임시정부 일에 전념합니다.

▶ 1926년
(51세)~

대한민국 임시정부 국무령이 되었습니다. 국무령은 대한민국 임시정부 일을 책임지는 자리입니다. 일본과 전쟁을 선언했습니다. 그리고 이봉창·윤봉길이 폭탄으로 일본 천황과 장군들을 공격하게 했고, 중국 장개석 총통과 이야기해서 대한민국 임시정부 군대를 중국에서 훈련하고 전투에 참여하게 합니다.

▶ 1940년
(65세)~

대한민국 임시정부 헌법을 주석이 총괄하도록 바꾸었는데, 김구가 대한민국 임시정부 초대 주석으로 선출됩니다. 주석은 지금으로 말하면 대통령입니다. 주석이 된 김구는 광복군을 창설하고, 일본과 전쟁을 시작합니다.

▶ 1945년
(70세)~

일본에 전쟁을 선포하고 미국과 광복군을 훈련시켜서 국내로 진격할 준비를 합니다. 그런데 원자폭탄으로 일본이 일찍 항복하는 바람에 광복군이 국내 진격을 못하고 해방이 됩니다. 해방된 한반도 38선 북쪽은 소련 군인이 통치하고 남쪽은 미국 군인이 통치하는 신탁통치에 반대합니다. 남한과 북한에 각각 나라를 세우면 얼마 안 가서 전쟁이 날 것이라면서 반대하고, 통일 국가를 세우자고 주장합니다.

▶ 1949년
(74세)~

김구 선생님 주장과는 달리 1948년 남한에는 대한민국 정부, 북한에는 조선민주주의인민공화국 정부가 세워지는 걸 보고 크게 실망하고 민족의 앞날을 걱정합니다. 1949년 서울 금호동에 백범학원, 마포구에 창암학원이라는 학교를 세워서 교육에 전념힙니다. 그해 6월 26일 경교장에서 안두희가 쏜 총탄을 맞고 돌아가십니다.

1962년 대한민국 건국공로훈장을 드렸고, 1969년 남산에 동상을 세웠으며, 1999년 백범김구기념관 건립을 위한 추진위원회를 만들어 국민 모금을 시작했습니다. 2002년 서울 효창원 백범 김구 묘소 옆에 백범김구기념관을 세웠습니다.

더 알아보기

김구 선생님이
좋아하시던 글

"얼굴 좋음이 몸 좋음만 못하고 몸 좋음이 마음 좋음만 못하다."

- 과거가 너무 썩은 시험이라는 걸 알고 다시는 과거를 보지 않겠다고 생각하고 《마의상서》라는 책을 공부합니다. 이 책은 사람 관상을 보는 책인데, 자기 얼굴을 놓고 아무리 봐도 나쁜 관상인 것입니다. 못생긴 얼굴에 병을 앓아서 살짝 곰보까지 되었으니까요. 너무 실망해서 자살을 하려고 하다가 이 글을 가만히 새겨보니 마음 좋은 사람이 가장 좋다고 했습니다. 그래서 이미 태어난 얼굴은 어쩔 수 없지만 몸은 튼튼하니 마음 좋은 사람으로 살겠다고 결심합니다.

"태산이 무너지더라도 마음이 흔들리지 않고, 아랫사람들과 더불어 달고 쓴 일을 같이 하고, 어떤 일을 하기 위해 나가거나 물러서기를 호랑이처럼 하고, 남을 알고 나를 알면 백 번 싸워도 지지 아니한다."

- 마음 좋은 사람이 되기 위해 여러 책을 읽었는데, 그때 병법에 관한 책을 읽다가 장수가 될 사람은 이런 마음을 가져야 한다는 글을 읽고 마음에 새겨두었습니다.

"사람이 저를 알기도 쉬운 일이 아니어든 하물며 남의 일을 어찌 알랴. 그러므로 내가 그대의 장래를 판단할 힘은 없으나 내가 한 가지 그대에게 확실히 말할 것이 있으니 그것은 성현을 목표로 하고 성현의 자취를 밟으라 하는 것이다. 이렇게 힘써 가노라면 성현의 지경에 달하는 자도 있고 못 미치는 자도 있거니와 이왕 그대가 마음 좋은 사람이 될 뜻을 가졌으니 몇 번 길을 잘못 들더라도 본마음만 변치 말고 고치고 또 고치고 나아가면 목적지에 달할 날이 반드시 있을 것이니 괴로워하지 말고 행하기만 힘쓰라."

● 청계동 안태훈 진사 집에 숨어 살 때 유학자 고능선 선생님한테 장래 어떻게 될 수 있는지를 질문했습니다. 스승 고능선은 위와 같은 말로 청년 김구를 위로해 주었습니다. 김구 선생님은 이 말을 듣고 마음에 새기면서 살았습니다. 어떤 일이든 말보다 행동으로 실천하려고 노력했고, 잘못되었다고 생각하면 과감하게 바꾸었습니다.

"눈 덮인 들판을 걸을 때 똑바로 걸어가는 까닭은
내가 걷는 이 길을 따라올 다음 사람들을 위함이다."

● 김구 선생님이 평생 좌우명으로 삼았던 서산대사의 답설(눈을 밟다)이란 시입니다. 눈보라가 휘몰아치는 조국의 운명 앞에서 자기 한 몸의 편안함이나 이익을 생각하지 않고 오로지 후손들에게 남겨줄 조국의 미래와 역사를 먼저 생각하고 행동해야 함을 강조하기 위해 자주 쓰셨습니다.

원작 김구

1876년 황해도 해주에서 태어났습니다. 일찍부터 가난과 양반들의 횡포를 경험했기에 모든 사람이 평등하다는 동학에 들어가 새로운 세상을 꿈꿉니다. 1905년 을사늑약이 체결되자 무지에서 깨어나야 새로운 세상을 만들 수 있다고 생각하고 근대적 교육사업과 항일운동에 매진합니다. 그러나 1911년 일제에 체포되어 15년형을 받고 온갖 고문을 당합니다. 이때 백정, 범부들(평범한 사람들)의 애국심이 역사를 바꾼다는 의미에서 백범(白凡)이라는 호를 썼습니다. 3.1운동 후에는 상해에 대한민국 임시정부를 세우고 한인애국단을 조직하여 이봉창, 윤봉길 등의 의거를 지원하였고, 광복군 창설 등 항일투쟁에 박차를 가합니다. 1945년 일제의 패망으로 조국에 돌아온 그는 남북분단을 우려해 신탁통치를 반대하고 통일정부 수립에 힘쓰다가 1949년 6월 26일 안두희가 쏜 총탄에 맞아 경교장에서 숨을 거두었습니다. 김구 자서전 『백범일지』는 두 아들에게 자신의 지난날을 알리려고 쓴 것으로 오늘날 많은 사람들한테 사랑받고 있습니다.

풀이글 이주영

문학박사이자 경민대학교 독서문화콘텐츠학과 겸임교수입니다. 30여 년간 초등학교에서 교편을 잡았고, 어린이도서연구회 이사장, 한국어린이글쓰기교육연구회 사무총장을 지냈습니다. 지금은 한국어린이문학협의회 회장, 어린이문화연대 대표, 계간 『어린이문학』 발행인, 월간 『개똥이네 놀이터』 와 『개똥이네 집』 기획편집위원을 맡고 있습니다. 〈삐삐야 미안해〉, 〈아이코 살았네〉, 〈어린이책 200선〉, 〈어린이 문화 운동사〉, 〈이주영 선생님의 책으로 행복한 교실〉, 〈이오덕, 아이들을 살려야 한다〉 같은 여러 가지 책을 썼습니다.